현대자동차
생산직 / 생산인력

FINAL 실전모의고사 4+1회분

SD에듀
(주)시대고시기획

✦ 머리말

현대자동차는 창의적 사고와 끝없는 도전을 통해 새로운 미래를 창조함으로써 인류 사회의 꿈을 실현한다는 경영철학을 바탕으로, 고객의 삶의 동반자로서 만족과 감동을 주는 브랜드로 더욱 성장하기 위해 브랜드 슬로건 'New Thinking, New Possibilities'를 바탕으로 브랜드 방향성인 'Modern Premium'을 고객에게 전달하고자 한다.

현대자동차의 이러한 그룹의 비전에 적합한 인재를 창출해내기 위해 최근 수시채용으로 전환하여 채용을 실시하고 있으며, 2023년 10년 만에 생산직 채용을 실시해 청년실업을 해소하고 국내 고용을 활성화하고자 한다.

이에 SD에듀에서는 현대자동차에 입사하고자 하는 수험생들에게 도움이 되고자 다음과 같은 특징을 가진 본서를 출간하게 되었다.

도서의 특징

❶ 자동차구조학/회사상식/일반상식/영어 영역으로 구성한 실전모의고사 4회분을 수록하여 시험 직전 자신의 실력을 최종적으로 점검할 수 있도록 하였다.

❷ 모바일 OMR 답안채점/성적분석 서비스를 제공하여 한눈에 정답률을 확인해볼 수 있도록 하였다.

❸ 핏 모의고사(50문항)를 통해 부족한 부분을 추가적으로 학습해볼 수 있도록 하였다.

끝으로 본 도서를 통해 현대자동차 생산직/생산인력 채용을 준비하는 모든 수험생 여러분이 합격의 기쁨을 누리기를 진심으로 기원한다.

SD적성검사연구소 씀

현대자동차
생산직 / 생산인력

Always **with you**

사람의 인연은 길에서 우연하게 만나거나
함께 살아가는 것만을 의미하지는 않습니다.
책을 펴내는 출판사와 그 책을 읽는 독자의 만남도 소중한 인연입니다.
SD에듀는 항상 독자의 마음을 헤아리기 위해 노력하고 있습니다.
늘 독자와 함께하겠습니다.

INTRODUCE

현대자동차 **이야기**

경영철학

> 창의적 사고와 끝없는 도전을 통해 새로운 미래를 창조함으로써
> **인류 사회의 꿈을 실현한다.**

| 고객 최우선 | 도전적 실행 | 소통과 협력 | 인재 존중 | 글로벌 지향 |

비전

> **휴머니티를 향한 진보**
> Progress for Humanity

우리는 진보가 인류에 대한 깊은 배려와 맞닿아 있을 때 비로소 의미를 가진다고 믿는다.

휴머니티는 우리를 하나로 만들고, 우리의 관계를 더욱 단단하게 해준다.

그리고 무엇에 힘을 쏟아야 할지 알려주며, 혁신을 향해 나아가야 할 지향점을 제시해준다.

이러한 원칙으로 우리는 관계를 더 강하게 하고, 서로를 공감하게 하여 더 가치있는 삶을 제공한다.

우리는 인류를 위해 옳은 일을 하고자 존재한다.

핵심가치

5대 핵심가치는 현대자동차의 조직과 구성원에게 내재되어 있는 성공 DNA이자 더 나은 미래를 향하여 새롭게 발전시키고 있는 구체적인 행동양식이다.
현대자동차는 5대 핵심가치를 통해 글로벌 기업의 위상에 맞는 선진문화를 구축하며 성공 DNA를 더욱 발전시켜 나갈 것이다.

고객 최우선

최고의 품질과 최상의 서비스를 제공함으로써 모든 가치의 중심에 고객을 최우선으로 두는 고객 감동의 기업 문화를 조성한다.

도전적 실행

현실에 안주하지 않고 새로운 가능성에 도전하며 '할 수 있다'는 열정과 창의적 사고로 반드시 목표를 달성한다.

소통과 협력

타 부문 및 협력사에 대한 상호 소통과 협력을 통해 '우리'라는 공동체 의식을 나눔으로써 시너지효과를 창출한다.

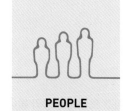

인재 존중

우리 조직의 미래가 각 구성원들의 마음가짐과 역량에 달려 있음을 믿고 자기계발에 힘쓰며, 인재 존중의 기업문화를 만들어 간다.

글로벌 지향

문화와 관행의 다양성을 존중하며, 모든 분야에서 글로벌 최고를 지향하고 글로벌 기업시민으로서 존경 받는 개인과 조직이 된다.

모집시기

시기가 정해져 있지는 않으며, 연중 수시로 진행

※ 생산직의 경우 2013년 4월 이후 10년 만에 신규 채용

지원자격

① 고등학교 졸업 이상의 학력을 보유한 자
② 해외여행 시 결격사유가 없는 자
③ 병역필 또는 면제자

지원방법

현대자동차 채용 포털(talent.hyundai.com) 접속 후 지원서 작성 및 제출

채용전형 절차

지원서 접수 · 서류전형 · 1차면접/인적성검사 · 2차면접/신체검사 · 최종합격

기타

① 지원서 작성 내용이 사실과 다르거나 증빙할 수 없는 경우, 합격 취소 또는 전형상의 불이익을 받을 수 있습니다.
② 채용 절차의 모집 부문 및 분야, 자격 요건 및 일정 등 세부 내용은 채용 공고를 참고하기 바랍니다.
③ 각 부문에 따라 채용 프로세스가 달라질 수 있으며, 상황에 따라 유동적으로 운영될 수 있습니다.

❖ 지원자격 및 채용절차는 시기별로 변경될 수 있으니, 반드시 발표되는 채용 공고를 반드시 확인하시길 바랍니다.

2주 완성 학습플랜

본서에 수록된 전 영역을 단기간에 끝낼 수 있도록 구성한 학습플랜이다. 한 번에 전 영역을 공부하지 않고, 한 영역을 집중적으로 공부할 수 있도록 하였다. 인성검사 및 필기시험에 대한 기초 학습은 되어 있으나, 학습 계획 세우기에 자신이 없는 분들이나 미리 시험에 대비하지 못해 단시간에 많은 분량을 봐야 하는 수험생에게 추천한다.

📝 TWO WEEKS STUDY PLAN

Start!	1일 차 ☐ ___월___일	2일 차 ☐ ___월___일	3일 차 ☐ ___월___일
4일 차 ☐ ___월___일	5일 차 ☐ ___월___일	6일 차 ☐ ___월___일	7일 차 ☐ ___월___일
8일 차 ☐ ___월___일	9일 차 ☐ ___월___일	10일 차 ☐ ___월___일	11일 차 ☐ ___월___일
12일 차 ☐ ___월___일	13일 차 ☐ ___월___일	14일 차 ☐ ___월___일	Finish

이 책의 차례

문제편	실전모의고사	
	제1회 실전모의고사	002
	제2회 실전모의고사	022
	제3회 실전모의고사	040
	제4회 실전모의고사	060

해설편	실전모의고사 정답 및 해설	
	제1회 실전모의고사	082
	제2회 실전모의고사	095
	제3회 실전모의고사	108
	제4회 실전모의고사	122

실전모의고사

현대자동차 생산직 / 생산인력 필기시험		
영역	문항 수	시간
자동차구조학	40문항	
회사상식	10문항	60분
일반상식	10문항	
영어	10문항	

※ 해당 모의고사는 임의로 구성한 것이므로 실제 시험과 다소 차이가 있을 수 있습니다.
※ 본 저작물의 무단전재 및 복제를 금합니다.

01 자동차구조학

01 다음 중 전자제어 가솔린 분사장치의 연료펌프에서 체크 밸브의 장착 목적으로 옳은 것은?

① 잔압 유지와 재시동성을 용이하게 한다.
② 연료 압력의 맥동을 감소시킨다.
③ 연료가 막혔을 때 압력을 조절한다.
④ 연료를 분사한다.

02 다음 중 내연기관에 대한 설명으로 옳은 것은?

① 실린더의 이론적 발생마력을 제동마력이라 한다.
② 6실린더 엔진의 크랭크축의 위상각은 90°이다.
③ 베어링 스프레드는 피스톤 핀 저널에 베어링을 조립 시 밀착되게 끼울 수 있게 한다.
④ DOHC 엔진의 밸브 수는 16개이다.

03 4사이클 가솔린엔진에서 최대압력이 발생되는 시기는?

① 배기행정의 끝 부근에서
② 피스톤의 BTDC 약 10 ~ 15° 부근에서
③ 압축행정 끝 부근에서
④ 동력행정에서 ATDC 약 10 ~ 15°에서

04 전자제어 엔진의 흡입공기량 검출에 사용되는 MAP 센서 방식에서 진공도가 클 때 출력 전압의 변화로 옳은 것은?

① 낮아진다.

② 높아진다.

③ 낮아지다가 갑자기 높아진다.

④ 높아지다가 갑자기 낮아진다.

05 일정한 체적을 유지하며 연소가 일어나는 대표적인 가솔린 기관의 사이클은?

① 오토 사이클   ② 디젤 사이클

③ 사바테 사이클   ④ 고속 사이클

06 행정이 100mm이고 회전수가 1,500rpm인 4행정 사이클 가솔린엔진의 피스톤 평균속도는?

① 5m/sec   ② 15m/sec

③ 20m/sec   ④ 50m/sec

07 일반 디젤기관의 분사펌프에서 최고회전을 조절하며 과속(Over Run)을 방지하는 기구는?

① 타이머   ② 조속기

③ 세그먼트   ④ 연료펌프

08 다음 중 가솔린기관의 노킹을 방지하는 방법으로 옳지 않은 것은?

① 화염진행 거리를 단축시킨다.

② 자연착화 온도가 높은 연료를 사용한다.

③ 화염전파 속도를 빠르게 하고 와류를 증가시킨다.

④ 냉각수의 온도를 높여 주고 흡기온도를 높인다.

09 다음 중 디젤기관에서 과급기의 사용목적으로 옳지 않은 것은?

① 엔진의 출력이 증대된다.

② 체적효율이 작아진다.

③ 평균유효압력이 향상된다.

④ 회전력이 증가한다.

10 2행정 사이클 기관에서 2회의 폭발 행정을 하였다면 크랭크의 회전수는?

① 1회전　　　　　　　　　　　　② 2회전

③ 3회전　　　　　　　　　　　　④ 4회전

11 다음 중 소형 승용차 엔진의 실린더 헤드를 알루미늄 합금으로 만드는 이유로 적절한 것은?

① 가볍고 열도율이 우수하기 때문에

② 녹슬지 않기 때문에

③ 주철에 비해 열팽창 계수가 작기 때문에

④ 연소실 온도를 높여 체적효율을 낮출 수 있기 때문에

12 다음 중 전자제어 현가장치(ECS)에서 각 쇽업소버에 장착되어 컨트롤 로드를 회전시켜 오일 통로가 변환되어 Hard나 Soft로 감쇠력의 제어를 가능하게 하는 것은?

① ECS 지시 패널　　　　　　　　② 액추에이터

③ 스위칭 로드　　　　　　　　　④ 차고 센서

13 다음 중 자동차 조향 장치에 사용되는 조향기어의 종류로 옳지 않은 것은?

① 래크 – 피니언(Rack and Pinion) 형식

② 웜 – 섹터 롤러(Worm and Sector Roller) 형식

③ 롤러 – 베어링(Roller and Bearing) 형식

④ 볼 – 너트(Ball and Nut) 형식

14 다음 중 전차륜 정렬에서 토인 조정은 무엇으로 하는가?

① 드래그 링크의 길이   ② 타이로드의 길이

③ 심의 두께   ④ 와셔의 두께

15 다음 중 수동변속기 장치에서 클러치 압력판의 역할로 옳은 것은?

① 기관의 동력을 받아 속도를 조절한다.

② 제동거리를 짧게 한다.

③ 견인력을 증가시킨다.

④ 클러치판을 밀어서 플라이휠에 압착시키는 역할을 한다.

16 다음 중 수동변속기 자동차의 변속이 원활하지 않을 때, 그 이유로 옳지 않은 것은?

① 클러치 끊김 불량   ② 컨트롤 케이블 조작 불량

③ 기어오일 과다 주입   ④ 싱크로메시 기구 불량

17 다음 중 점화장치의 파워트랜지스터에 대한 설명으로 옳지 않은 것은?

① 베이스 신호는 ECU에서 받는다.

② 점화코일 1차 전류를 단속한다.

③ 이미터 단자는 접지되어 있다.

④ 컬렉터 단자는 점화 2차 코일과 연결되어 있다.

18 자동변속기 전자제어장치 정비 시 유의사항으로 옳지 않은 것은?

① 펄스 제너레이터 출력전압 파형 측정 시 주행 중에 측정한다.

② 컨트롤 케이블을 점검할 때는 브레이크 페달을 밟고, 주차브레이크를 완전히 채우고 점검한다.

③ 차량을 리프트에 올려놓고 바퀴 회전 시 주위에 떨어져 있어야 한다.

④ 부품센서 교환 시 점화 스위치 OFF 상태에서 축전기 접지 케이블을 탈거한다.

19 기관의 냉각장치 점검 · 정비 시 유의사항으로 옳지 않은 것은?

① 방열기 코어가 파손되지 않도록 한다.

② 워터 펌프 베어링은 세척하지 않는다.

③ 방열기 캡을 열 때는 압력을 서서히 제거하며 연다.

④ 누수 여부를 점검할 때 압력시험기의 지침이 멈출 때까지 압력을 가압한다.

20 다음 중 배기가스가 재순환되는 EGR 장치의 EGR율(%)로 옳은 것은?

① $(EGR율) = \dfrac{(EGR가스량)}{(배기공기량) + (EGR가스량)} \times 100$

② $(EGR율) = \dfrac{(EGR가스량)}{(흡입공기량) + (EGR가스량)} \times 100$

③ $(EGR율) = \dfrac{(흡기공기량)}{(흡입공기량) + (EGR가스량)} \times 100$

④ $(EGR율) = \dfrac{(배기공기량)}{(흡입공기량) + (EGR가스량)} \times 100$

21 공기량 검출 센서 중에서 초음파를 이용하는 센서는?

① 핫필름식 에어 플로 센서

② 칼만와류식 에어 플로 센서

③ 댐핑 체임버를 이용한 에어 플로 센서

④ MAP을 이용한 에어 플로 센서

22 다음 중 유압식 브레이크에 적용된 원리에 대한 설명으로 옳은 것은?

① 브레이크액의 높은 비등점

② 브레이크액의 높은 흡습성

③ 밀폐된 액체의 일부에 작용하는 압력은 모든 방향에 동일하게 작용한다.

④ 브레이크액은 작용하는 압력을 분산시킨다.

23 기관의 체적효율이 떨어지는 원인으로 적절한 것은?

① 흡입공기가 열을 받았을 때

② 과급기를 설치할 때

③ 흡입공기를 냉각할 때

④ 배기밸브보다 흡기밸브가 클 때

24 자동변속기를 제어하는 TCU(Transaxle Control Unit)에 입력되는 신호로 옳지 않은 것은?

① 인히비터 스위치   ② 스로틀 포지션 센서

③ 엔진 회전수   ④ 휠 스피드 센서

25 다음 중 자동차의 트램핑(Tramping)의 원인으로 적절한 것은?

① 적재량 과다   ② 토션바 스프링 마멸

③ 내압의 과다   ④ 바퀴의 불평형

26 다음 중 제시문이 설명하는 전자제어 현가장치(ECS)의 제어요소는?

> 조향 휠 각속도센서와 차속정보에 의해 Roll 상태를 조기에 검출해서 일정 시간 감쇠력을 높여 차량이 선회 주행 시 Roll을 억제하도록 한다.

① 안티스쿼트 제어   ② 안티다이브 제어

③ 안티롤 제어   ④ 안티시프트 스쿼트 제어

27 동력조향장치에서 오일펌프에 걸리는 부하가 기관 아이들링 안정성에 영향을 미칠 경우 오일펌프 압력 스위치는 어떤 역할을 하는가?

① 유압을 더욱 다운시킨다.

② 부하를 더욱 증가시킨다.

③ 기관 아이들링 회전수를 증가시킨다.

④ 기관 아이들링 회전수를 다운시킨다.

28 다음 중 유압식 브레이크장치에서 브레이크가 풀리지 않을 때 그 원인으로 적절한 것은?

① 오일 점도가 낮기 때문

② 파이프 내의 공기 혼입

③ 체크밸브의 접촉 불량

④ 마스터 실린더의 리턴구멍 막힘

29 다음 중 논리소자 중 입력신호 모두가 1일 때에만 출력이 1로 되는 회로는?

① NOT(논리부정)　　　　　　　　② AND(논리곱)

③ NAND(논리곱 부정)　　　　　　④ NOR(논리합 부정)

30 다음 중 자동차용 배터리의 급속 충전 시 주의사항으로 옳지 않은 것은?

① 배터리를 자동차에 연결한 채 충전할 경우, 접지(−) 터미널을 떼어 놓을 것

② 충전 전류는 용량 값의 약 2배 정도의 전류로 할 것

③ 될 수 있는 대로 짧은 시간에 실시할 것

④ 충전 중 전해액 온도가 45℃ 이상 되지 않도록 할 것

31 다음 그림과 같은 자동차 전원장치에서 IG1과 IG2로 구분된 이유로 가장 적절한 것은?

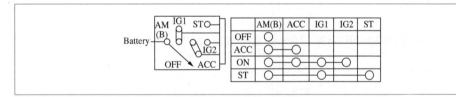

① 점화 스위치의 ON/OFF에 관계없이 배터리와 연결을 유지하기 위해

② START 시에도 와이퍼회로, 전조등회로 등에 전원을 공급하기 위해

③ 점화 스위치가 ST일 때만 점화코일, 연료펌프 회로 등에 전원을 공급하기 위해

④ START 시 시동에 필요한 전원 이외의 전원을 차단하여 시동을 원활하게 하기 위해

32 어떤 4행정 4기통 기관의 평균 유효 압력 $7.5\text{kg}_f/\text{cm}^2$, 행정 체적 200cc, 회전수 2,400rpm일 때, 이 기관의 지시마력은?

① 14PS　　　　　　　　　　　② 16PS

③ 18PS　　　　　　　　　　　④ 20PS

33 피스톤 링의 구비조건으로 옳지 않은 것은?

① 고온에서도 탄성을 유지할 것

② 오래 사용하여도 링 자체나 실린더 마멸이 적을 것

③ 열팽창률이 작을 것

④ 실린더 벽에 편심 압력을 가할 것

34 4행정 직렬 8실린더 엔진의 폭발행정은 몇 °마다 일어나는가?

① 45°

② 90°

③ 120°

④ 180°

35 다음 중 튜브리스 타이어의 장점으로 옳지 않은 것은?

① 못 등이 박혀도 공기 누출이 적다.

② 림이 변형되어도 공기 누출이 적다.

③ 고속 주행 시에도 발열이 적다.

④ 펑크 수리가 간단하다.

36 다음 중 수동변속기 차량에서 클러치의 슬립이 발생하는 원인으로 적절한 것은?

① 클러치 페달 자유간극 과다

② 클러치 스프링의 장력 약화

③ 릴리스 베어링 파손

④ 유압라인 공기 혼입

37 다음 중 점화장치에서의 DLI(Distributor Less Ignition) 시스템에 대한 장점으로 옳지 않은 것은?

① 점화진각 폭의 제한이 크다.

② 고전압 에너지 손실이 적다.

③ 점화에너지를 크게 할 수 있다.

④ 내구성이 크고 전파방해가 적다.

38 전기장치의 점검 시 점프와이어(Jump Wire)에 대한 설명에서 A, B에 들어갈 말을 바르게 연결한 것은?

> 점프와이어는 __A__ 의 __B__ 상태에서 점검하는 데 사용한다.

	A	B
①	전원	통전 또는 접지
②	통전	점프
③	통전 또는 접지	연결부위를 제거한
④	점프	통전 또는 접지

39 활성탄 캐니스터(Charcoal Canister)는 무엇을 제어하기 위해 설치하는가?

① CO_2 증발가스   ② HC 증발가스

③ NO_X 증발가스   ④ CO 증발가스

40 다음 중 전자제어 가솔린 분사장치 기관에서 스로틀 보디 인젝터(TBI) 방식 차량의 인젝터 설치 위치로 가장 적합한 곳은?

① 스로틀 밸브 상부   ② 스로틀 밸브 하부

③ 흡기 밸브 전단   ④ 흡기다기관 중앙

01 다음 중 현대자동차가 경영철학을 뒷받침하는 비전으로 제시한 것은 무엇인가?

① 자동차에서 삶의 동반자로
② 혁신적 제품 및 서비스 제공
③ 세계 시장에서 혁신을 주도하는 글로벌 리더
④ 지속 가능한 공정거래 및 상생협력 문화의 확립

02 2023년 1월 유럽 안전성 평가(유로 NCAP)에서 대형 패밀리카 부문 '최우수(Best in Class)' 차량으로 선정된 현대자동차의 차종은 무엇인가?

① 넥쏘   ② 아이오닉 6
③ 쏘나타 하리브리드   ④ 싼타페 하리브리드

03 다음 중 현대자동차그룹에서 제시한 인재상이 아닌 것은?

① 도전   ② 창의
③ 책임의식   ④ 글로벌 마인드

04 현대자동차에서 생산하고 있는 다음의 모델 중 최장수 차종은 무엇인가?

① 아반떼   ② 그랜저
③ 엑센트   ④ 쏘나타

05 자동차 복합 체험 공간인 현대모터스튜디오를 운영 중인 해외 도시가 아닌 곳은?

① 런던　　　　　　　　　　　② 베이징

③ 자카르타　　　　　　　　　④ 모스크바

06 다음 중 현대자동차의 고객 소통 채널의 명칭은 무엇인가?

① H-ear　　　　　　　　　　② H-ombuds

③ H-relations　　　　　　　　④ H-sympathy

07 현대자동차의 울산·전주·아산공장 중 가장 먼저 설립된 울산공장에 대한 설명으로 옳지 않은 것을 모두 고르면?

> ⊙ 전주공장·아산공장보다 생산 차종과 근무 인원이 가장 많다.
> ⓒ 쏘나타와 그랜저 등의 완성차와 누우·세타·람다 엔진 등을 생산한다.
> ⓒ 울산공장의 면적은 전주공장·아산공장 등의 면적을 더한 것보다 넓다.
> ⓔ 차량을 신속히 선박에 적재해 수출할 수 있는 전용 부두를 갖추고 있다.
> ⓜ 국내 최초로 CNG 하이브리드 버스, 수소연료전지 버스 친환경 버스를 개발해 생산한다.

① ⊙, ⓒ　　　　　　　　　　② ⊙, ⓔ

③ ⓒ, ⓜ　　　　　　　　　　④ ⓒ, ⓜ

08 다음 중 2022년 1년 동안 현대자동차의 판매 현황을 분석한 내용으로 옳지 않은 것은?

① 전년도와 비교해 국내 판매는 줄어든 반면 해외 판매는 증가해 총 395만 대에 육박하는 판매고를 기록했다.
② 싼타페, 팰리세이드, 아이오닉 5, 투싼 등의 RV 중에 가장 많이 판매된 것은 싼타페이다.
③ 국내에서 그랜저, 아이오닉 6, 쏘나타, 아반떼 등의 세단 중에 가장 많이 판매된 것은 그랜저이다.
④ 국내 전기차 판매량은 전년도와 비교해 약 65% 이상으로 크게 증가하였다.

09 미국의 자동차 시장은 중국에 이어 세계에서 연간 판매 규모 2위이다. 그렇다면 대미(對美) 수출을 시작한 1986년부터 2022년까지 현대자동차가 미국에서 판매한 자동차는 모두 몇 대인가?

① 약 850만 대
② 약 1,000만 대
③ 약 1,500만 대
④ 약 1,850만 대

10 다음 글의 빈칸에 공통으로 들어갈 현대자동차의 모델로 옳은 것은?

> 현대자동차가 출시한 _____은/는 우리나라 최초의 콘셉트카로서, 이탈리아의 유명 디자이너조르제토 주지아로의 작품이다. 현대자동차는 _____을/를 원형 그대로 재현해 2023년 봄에 공개할 예정이라고 밝혔다. 1974년 이탈리아 토리노 모터쇼에서 _____을/를 선보인 이후 48년 만에 다시 빛을 보게 되는 것이다. 과거 _____은/는 비록 양산·판매되지는 않았으나, 현재까지 현대자동차의 자동차 디자인에 큰 영향을 끼치고 있다는 평가를 받는다. 현대자동차 관계자는 "_____은/는 전동화 및 모빌리티 시대에 새로운 도전을 앞둔 현대자동차에 커다란 정신적·경험적 유산으로 자리잡고 있다"라고 말했다.

① 스텔라
② 그라나다
③ 뉴 코티나
④ 포니 쿠페

01   다음 설명에 해당하는 용어는 무엇인가?

> • 주인의식 없이 회사의 상황에 따라 적절히 처신하다가 더 나은 직장을 구하면 미련 없이 떠나는 직장인들을 의미한다.
> • 최근 조사에서 직장인 10명 중 3명은 자신을 이것이라고 생각하는 것으로 나타났다.

① 갤러리족   ② 공소증후군
③ 네가홀리즘   ④ 네스팅족

02   코로나19의 확산으로 일상에 변화가 생기면서 생긴 우울감이나 무기력증을 뜻하는 말로, 코로나와 우울감이 합쳐진 신조어는?

① 코로나 디바이드(Corona Divide)
② 코비디어트(Covidiot)
③ 코로노미 쇼크(Coronomy Shock)
④ 코로나 블루(Corona Blue)

03   다음 중 인구고령화로 인해 인구가 경제성장에 부담으로 작용하는 시기를 가리키는 말은?

① 인구오너스기   ② 인구보너스기
③ 다산다사기   ④ 소산소사기

04   다음 중 고려 시대의 금속활자에 대한 설명으로 옳지 않은 것은?

① 금속활자는 한 번 만들면 여러 종류의 책을 쉽게 찍을 수 있었다.
② 고종 21년(1234)에 『상정고금예문』을 인쇄했다는 기록이 있다.
③ 프랑스에 있는 『직지심체요절』은 청주 용두사에서 간행했다.
④ 공양왕은 서적원을 설치하여 활자의 주조와 인쇄를 맡게 했다.

05 다음 중 영조와 정조에 대한 설명으로 옳지 않은 것은?

① 영조가 시행한 탕평책은 붕당 간의 세력 균형을 유지하여 왕권을 강화하고, 정국을 안정시키려는 것이다.

② 영조는 『속대전』, 『속오례의』, 『동국문헌비고』 등을 편찬하여 시대의 변화에 맞게 문물 제도를 정비하였다.

③ 정조는 왕의 권력과 정책을 뒷받침하기 위해 규장각을 설립하였다.

④ 정조는 문물제도의 정비를 위하여 『동국여지승람』을 편찬하였다.

06 다음 중 엥겔의 법칙을 설명할 수 있는 곡선은 무엇인가?

① 소득 · 소비곡선　　　　　　　② 가격 · 소비곡선

③ 생산가능곡선　　　　　　　　④ 등량선

07 다음 중 재화의 수요가격이 의미하는 것은?

① 재화의 생산비　　　　　　　　② 재화의 한계효용

③ 재화의 한계생산력　　　　　　④ 재화의 평균생산력

08 인구와 건물이 밀집되어 있는 도심지는 일반적으로 다른 지역보다 온도가 높게 나타나는데, 이처럼 도심지가 주변의 온도보다 특별히 높은 기온을 나타내는 현상을 가리키는 말은?

① 열대야　　　　　　　　　　　② 기온역전

③ 열섬 현상　　　　　　　　　　④ 지구온난화

09 다음 중 미국 항공우주국(NASA)에서 발사한 최초의 우주왕복선은 무엇인가?

① 디스커버리호　　　　　　　　② 컬럼비아호

③ 아틀란티스호　　　　　　　　④ 챌린저호

10 달은 타원형 궤도를 돌기 때문에 지구와 달 사이의 거리가 매 순간 달라진다. 다음 중 달과 지구의 거리가 가장 가까워질 때 볼 수 있는 크고 밝은 보름달을 가리키는 말은?

① 블루문   ② 레드문

③ 슈퍼문   ④ 마이크로문

※ 다음 대화에서 빈칸에 들어갈 말로 가장 적절한 것을 고르시오. [1~6]

01

A : Won't you come over and have some beer?
B : _____, but I have something else to do now.

① Yes
② Ok
③ Sure
④ I'd like to

02

A : What do you think about the old man?
B : The old man _____ I believe to be honest deceived me.

① Whom
② Who
③ Whose
④ Whoever

03

A : Please say your sincere opinion to me.
B : Ok, I'll tell you _____ about it.

① which to do
② what do I think
③ which I think
④ what I think

04

A : Alice is visiting her mother today.
B : In that case, _____ you have dinner with us tonight?

① shall
② won't
③ wouldn't
④ did

05

A : Thank you for calling the Royal Point Hotel Reservations Department. My name is Sam. How may I help you?

B : Hello, I'd like to book a room.

A : We offer two room types: the deluxe room and the luxury suite.

B : _____

A : For one, the suite is very large. In addition to a bedroom, it has a kitchen, living room and dining room.

B : It sounds expensive.

A : Well, it's $ 200 more per night.

B : In that case, I'll go with the deluxe room.

① Do you need anything else?

② May I have the room number?

③ What's the difference between them?

④ Are pets allowed in the rooms?

06

A : I heard that the university cafeteria changed their menu.

B : Yeah, I just checked it out.

A : And they got a new caterer.

B : Yes. Sam's Catering.

A : _____

B : There are more dessert choices. Also, some sandwich choices were removed.

① What is your favorite dessert?

② Do you know where their offic is?

③ Do you need my help with the menu?

④ What's the difference from the last menu?

07 다음 대화의 빈칸에 들어갈 표현으로 적절하지 않은 것은?

> A : Who was assigned to your team?
> B : _____

① It hasn't been decided yet.

② Mr. Ferry is the most likely candidate.

③ I think that's your job.

④ Ms. Nelson in accounting.

08 다음 대화 중 어색한 것은?

① A : When is the payment due?

   B : You have to pay by next week.

② A : Should I check this baggage in?

   B : No, it's small enough to take on the plane.

③ A : When and where shall we meet?

   B : I'll pick you up at your office at 8 : 30.

④ A : I won the prize in a cooking contest.

   B : I couldn't have done it without you.

※ 두 사람의 대화 중 가장 자연스러운 것을 고르시오. [9~10]

09 ① A : Do you know what time it is?

   B : Sorry, I'm busy these days.

② A : Hey, where are you headed?

   B : We are off to the grocery store.

③ A : Can you give me a hand with this?

   B : OK. I'll clap for you.

④ A : Has anybody seen my purse?

   B : Long time no see.

10

① A : What did you do yesterday?

　　B : I'll go to the supermarket.

② A : How was your summer vacation?

　　B : You're welcome.

③ A : What's your favorite food?

　　B : Barbecue chicken, I love it!

④ A : How can I get to the subway station?

　　B : It's eleven o'clock.

01   자동차구조학

01 신품 방열기의 용량이 3.0L이고, 사용 중인 방열기의 용량이 2.4L일 때, 코어 막힘률은?

① 55%

② 30%

③ 25%

④ 20%

02 LPG 기관의 연료장치에서 냉각수의 온도가 낮을 때 시동성을 향상하기 위해 작동되는 밸브는?

① 기상 밸브

② 액상 밸브

③ 안전 밸브

④ 과류 방지 밸브

03 실린더 배기량이 376.8cc이고 연소실체적이 47.1cc일 때 기관의 압축비는?

① 7 : 1

② 8 : 1

③ 9 : 1

④ 10 : 1

04 다음 중 자동차 기관에 쓰이는 윤활유의 구비조건으로 옳지 않은 것은?

① 온도 변화에 따른 점도변화가 적을 것

② 열과 산에 대하여 안정성이 있을 것

③ 발화점 및 인화점이 낮을 것

④ 카본 생성이 적으며 강인한 유막을 형성할 것

05 다음 중 전자제어 가솔린 분사장치의 특성으로 옳지 않은 것은?

① 배기가스 유해성분이 감소된다.

② 벤투리가 없기 때문에 공기의 흐름 저항이 증가된다.

③ 냉각수 온도를 감지하여 냉간 시 시동성이 향상된다.

④ 엔진의 응답성능이 좋다.

06 다음 중 자동차용 가솔린 연료의 물리적 성질에 대한 설명으로 옳지 않은 것은?

① 인화점은 약 $-40℃$ 이하이다.

② 비중은 약 $0.65 \sim 0.75$ 정도이다.

③ 자연 발화점은 약 $250℃$로써 경유에 비하여 낮다.

④ 발열량은 약 11,000kcal/kg로써 경유에 비하여 낮다.

07 다음 중 제동 시 좌우 편제동의 원인으로 옳지 않은 것은?

① 드럼의 편 마모

② 휠 실린더 오일 누설

③ 라이닝 접촉불량, 기름부착

④ 마스터 실린더의 리턴 구멍 막힘

08 전자제어엔진의 연료 펌프 내부에 있는 체크 밸브(Check Valve)가 하는 역할은?

① 차량이 전복 시 화재발생을 방지하기 위해 사용된다.

② 연료라인의 과도한 연료압 상승을 방지하기 위한 목적으로 설치되었다.

③ 인젝터에 가해지는 연료의 잔압을 유지시켜 베이퍼 록 현상을 방지한다.

④ 연료라인에 적정 작동압이 상승될 때까지 시간을 지연시킨다.

09 다음 중 자동차 선회 시 차체의 좌우 진동을 억제하는 것은?

① 스태빌라이저 ② 겹판 스프링

③ 타이로드 ④ 킹핀

10 다음 중 전자제어 제동장치(ABS)의 구성요소로 옳지 않은 것은?

① 휠 스피드 센서 ② 전자제어 유닛

③ 하이드롤릭 컨트롤 유닛 ④ 각속도 센서

11 다음 중 유압식 제동장치에서 후륜의 잠김으로 인한 스핀을 방지하기 위해 사용하는 밸브는?

① 릴리프 밸브 ② 컷오프 밸브

③ 프로포셔닝 밸브 ④ 솔레노이드 밸브

12 차량에서 캠버, 캐스터 측정 시 유의사항으로 옳지 않은 것은?

① 수평인 바닥에서 한다.

② 타이어 공기압을 규정치로 한다.

③ 차량의 화물은 적재상태로 한다.

④ 섀시 스프링은 안정 상태로 한다.

13 자동차용 LPG 연료의 특성에 대한 설명으로 옳지 않은 것은?

① 연소 효율이 좋고 엔진운전이 정숙하다.

② 증기 폐쇄(Vapor Lock)가 잘 일어난다.

③ 대기오염이 적으므로 위생적이고 경제적이다.

④ 엔진 윤활유의 오염이 적으므로 엔진수명이 길다.

14 차량 주행 중 급감속 시 스로틀 밸브가 급격히 닫히는 것을 방지하여 운전성을 향상한 것은?

① 아이들 업 솔레노이드   ② 대시포트

③ 퍼지 컨트롤 밸브   ④ 연료 차단 밸브

15 내연기관에서 언더 스퀘어 엔진에 대한 정의로 옳은 것은?

① (행정/실린더 내경)=1

② (행정/실린더 내경)<1

③ (행정/실린더 내경)>1

④ (행정/실린더 내경)≤1

16 배기계통 내 지르코니아 산소센서(O_2 Sensor)가 배기가스에 포함된 산소 농도를 검출하는 방법은?

① 기전력의 변화   ② 저항력의 변화

③ 산화력의 변화   ④ 전자력의 변화

17 자동변속기에서 일정한 차속으로 주행 중 스로틀 밸브 개도를 갑자기 증가시켜 큰 구동력을 얻을 수 있는 것은?

① 스톨   ② 킥 다운

③ 킥 업   ④ 리프트 풋업

18 주행 시 타이어의 열 상승에 영향을 미치는 요인으로 적절하지 않은 것은?

① 주행속도 증가   ② 하중의 증가

③ 공기압의 증가   ④ 주행거리 증가(장거리 주행)

19 다음 중 제동 배력 장치에서 브레이크를 밟았을 때 하이드롤백 내의 작동에 대한 설명으로 옳지 않은 것은?

① 공기밸브는 닫힌다.

② 진공밸브는 닫힌다.

③ 동력 피스톤이 하이드롤릭 실린더 쪽으로 움직인다.

④ 동력 피스톤 앞쪽은 진공상태이다.

20 전자제어 연료분사 장치에 사용되는 크랭크 각(Crank Angle) 센서의 기능으로 옳은 것은?

① 엔진 회전수 및 크랭크 축의 위치를 검출한다.

② 엔진 부하의 크기를 검출한다.

③ 캠 축의 위치를 검출한다.

④ 1번 실린더가 압축 상사점에 있는 상태를 검출한다.

21 가솔린기관에서 점화 플러그의 점화 시 연소상태의 화염이 균일한 속도로 전파되는 연소속도는?

① 약 $2 \sim 3\text{m/s}$

② 약 $20 \sim 30\text{m/s}$

③ 약 $200 \sim 300\text{m/s}$

④ 약 $2,000 \sim 3,000\text{m/s}$

22 유압식 제동장치에서 내경이 2cm인 마스터 실린더의 푸시로드에 100kg_f의 힘이 작용할 때 브레이크 파이프에 작용하는 압력의 크기는?

① 약 $32\text{kg}_f/\text{cm}^2$

② 약 $25\text{kg}_f/\text{cm}^2$

③ 약 $10\text{kg}_f/\text{cm}^2$

④ 약 $2\text{kg}_f/\text{cm}^2$

23 다음 중 독립 현가장치의 종류가 아닌 것은?

① 위시본 형식

② 스트러트 형식

③ 트레일링 암 형식

④ 옆방향 판 스프링 형식

24 다음 중 유압식 제동장치에서 브레이크 라인 내에 잔압을 두는 목적으로 옳지 않은 것은?

① 베이퍼 록을 방지한다.

② 브레이크 작동을 신속하게 한다.

③ 페이드 현상을 방지한다.

④ 유압회로에 공기가 침입하는 것을 방지한다.

25 다음 중 분사펌프의 캠축에 의해 연료 송출 기간의 시작은 일정하고 분사 끝이 변화하는 플런저의 리드형식은?

① 양리드형

② 변리드형

③ 정리드형

④ 역리드형

26 다음 중 부특성 흡기온도센서(A.T.S)에 대한 설명으로 옳지 않은 것은?

① 흡기온도가 낮으면 저항값이 커지고, 흡기온도가 높으면 저항값은 작아진다.

② 흡기온도의 변화에 따라 컴퓨터는 연료분사 시간을 증감시켜 주는 역할을 한다.

③ 흡기온도 변화에 따라 컴퓨터는 점화시기를 변화시키는 역할을 한다.

④ 흡기온도를 뜨겁게 감지하면 출력전압이 커진다.

27 다음 중 흡기다기관 진공도 시험으로 알아낼 수 없는 것은?

① 밸브 작동의 불량　　　　　② 점화 시기의 틀림

③ 흡·배기밸브의 밀착 상태　　④ 연소실 카본누적

28 다음 중 십자형 자재이음에 대한 설명으로 옳지 않은 것은?

① 주로 후륜 구동식 자동차의 추진축에 사용된다.

② 십자 축과 두 개의 요크로 구성되어 있다.

③ 롤러베어링을 사이에 두고 축과 요크가 설치되어 있다.

④ 자재이음과 슬립이음 역할을 동시에 하는 형식이다.

29 다음 중 자동차 타이어의 호칭에서 시리즈가 뜻하는 것은?

① 단면 폭　　　　　　　　　② 단면 높이

③ 편평비　　　　　　　　　　④ 최대 속도 표시

30 다음 중 주축기어와 부축기어가 항상 맞물려 공전하면서 클러치 기어를 이용해서 축상에 고정시키는 변속기 형식은?

① 점진 기어식　　　　　　　② 섭동 물림식

③ 상시 물림식　　　　　　　④ 유성 기어식

31 다음 중 전자제어 제동장치(ABS)의 적용 목적으로 옳지 않은 것은?

① 차량의 스핀 방지　　　　　② 휠 잠김(Lock) 유지

③ 차량의 방향성 확보　　　　④ 차량의 조종성 확보

32 다음 중 자동차 주행 속도를 감지하는 센서는?

① 차속 센서
② 크랭크 각 센서
③ TDC 센서
④ 경사각 센서

33 다음 중 전자제어 점화장치에서 점화시기의 제어 순서를 바르게 나열한 것은?

① 각종 센서 – ECU – 파워 트랜지스터 – 점화코일
② 각종 센서 – ECU – 점화코일 – 파워 트랜지스터
③ 파워 트랜지스터 – 점화코일 – ECU – 각종 센서
④ 파워 트랜지스터 – ECU – 각종 센서 – 점화코일

34 다음 중 PTC서미스터에서 온도와 저항값의 변화 관계로 옳은 것은?

① 온도 증가와 저항값은 관련 없다.
② 온도 증가에 따라 저항값이 감소한다.
③ 온도 증가에 따라 저항값이 증가한다.
④ 온도 증가에 따라 저항값이 증가, 감소 반복한다.

35 다음 중 점화 키 홀 조명 기능에 대한 설명으로 옳지 않은 것은?

① 야간에 운전자에게 편의를 제공한다.
② 야간 주행 시 사각지대를 없애준다.
③ 이그니션 키 주변에 일정시간 동안 램프가 점등된다.
④ 이그니션 키 홀을 쉽게 찾을 수 있도록 도와준다.

36 다음 자동차 등화장치에서 12V 축전지에 30W의 전구를 사용하였다면 저항의 값은?

① 4.8Ω
② 5.4Ω
③ 6.3Ω
④ 7.6Ω

37 다음 중 자동차용 배터리를 급속 충전할 때의 주의사항으로 적절하지 않은 것은?

① 배터리를 자동차에 연결한 채 충전할 경우, 접지(−) 터미널을 떼어 놓는다.
② 주변이 잘 밀폐된 곳에서 충전한다.
③ 충전 중 축전지에 충격을 가하지 않는다.
④ 전해액의 온도가 45℃가 넘지 않도록 한다.

38 다음 중 교류발전기에서 직류발전기의 컷아웃 릴레이와 같은 일을 하는 것은?

① 다이오드
② 로터
③ 전압조정기
④ 브러시

39 다음 중 실린더 헤드를 떼어낼 때, 볼트를 푸는 방법으로 옳은 것은?

① 풀기 쉬운 곳부터 푼다.
② 중앙에서 바깥을 향하여 대각선으로 푼다.
③ 바깥에서 안쪽으로 향하여 대각선으로 푼다.
④ 실린더 보어를 먼저 제거하고 실린더 헤드를 떼어낸다.

40 기관의 회전력이 71.6kgf·m에서 200PS의 축 출력을 냈다면 이 기관의 회전속도는?

① 1,000rpm
② 1,500rpm
③ 2,000rpm
④ 2,500rpm

01 다음 중 현대자동차에서 CSV(공유가치 창출) 전략체계 구축의 일환으로 제시한 CSV 구상 (Initiative)을 표현한 용어는 무엇인가?

① Hyundai procedure   ② Hyundai Continue

③ Hyundai Permanent   ④ Hyundai Alternative

02 미래 세대를 위한 CSV(공유가치 창출) 활동의 일환으로 현대자동차가 미국에서 펼치고 있는 소아 암 연구 지원 캠페인의 명칭은 무엇인가?

① Vision Drive

② Hyundai Help for Kids

③ Safe Road Traffic Project

④ Hyundai Hope on Wheels

03 현대자동차에서는 환경보호의 일환으로 고객이 맡긴 자동차를 친환경 방식으로 폐차하고 있다. 이러한 친환경 폐차와 관련한 다음 안내문의 ㉠ ~ ㉢에 들어갈 내용으로 옳은 것은?

구분	내용
일반 폐차	• 압류 및 저당이 없는 경우. 단, 압류의 경우 주차위반, 자동차세, 면허세, 환경세 등 지자체에서 발급한 압류의 경우 차령 초과 차량에 대해서는 폐차 가능 • 엔진 및 미션이 없는 경우처럼 특별한 결함이 없는 경우
조기 폐차	• 출고 후 첫 자동차검사 유효기간 이내인 경우 차량 • 대기관리 권역인 서울시, 인천시(옹진군 제외), 경기도 지역, 시 지역(안성·광주·포천시 제외)에 ㉠ 이상 연속하여 등록된 경우 차량 • 신청일로부터 1년 이내에 정밀검사 합격 판정 받은 경유 차량 • 명의이전 등록하고 ㉡ 이후가 되어야 접수 가능 • 차량이 ㉢ 이상 경과된 차량이라야 조기 폐차 가능

	㉠	㉡	㉢
①	3년	6개월	5년
②	3년	6개월	7년
③	5년	6개월	5년
④	5년	1년	7년

04 현대자동차는 차량 생산부터 폐기에 이르는 전체 과정에서 탄소를 감축하기 위한 정책들을 시행하고 있다. 이와 관련한 다음 설명의 빈칸에 공통으로 들어갈 내용으로 가장 적절한 것은?

> 전 세계적으로 기후변화에 대응하기 위한 노력이 가속화되면서 각국 정부는 탄소 배출 규제를 강화하고 있다. 특히 자동차는 지금까지 대기오염의 주범으로 지목되어 오고 있기 때문에 환경 규제의 일환으로 전생애 주기에 걸친 _____ 기준이 우선적으로 도입되고 있다. 이에 따라 현대자동차는 원료의 취득부터 운행, 폐기 및 재활용 단계까지 차량의 생애주기별 환경 영향을 파악하기 위해 _____을/를 수행하고 있다. 2020년 코나 EV에 대한 _____을/를 수행하며 평가 프로세스를 구축했고, 2021년에는 평가 차종을 확대하여 4개 차종에 대한 _____을/를 수행했다. 이를 통해 부문별 환경 영향을 파악·분석해 지속적으로 개선 과제를 찾아내고, 환경 영향을 최소화하기 위한 개선 활동을 적극적으로 시행할 계획이다.

① LCA
② AAM
③ SOEC
④ E-GMP

05 현대자동차의 모델 명칭에 대한 뜻풀이로 옳지 않은 것은?

① IONIQ(아이오닉) : 'Ion(이온)'과 'Unique(독창성)'의 조합어이다.
② VENUE(베뉴) : 인생에서 도달하고 싶은 장소·목표·지향점 등으로 이해할 수 있다.
③ NEXO(넥쏘) : 'New Era Expanded Open', 즉 '완전히 새로운 시대의 개막'을 뜻한다.
④ CASPER(캐스퍼) : 경차에 대한 기존의 고정관념을 탈피하려는 의지를 담은 명칭이다.

06 다음의 현대자동차 모델 중 엔진 배기량이 가장 높은 것은 무엇인가?(현대자동차 카탈로그 기준)

① 투싼(디젤)
② 싼타페(디젤)
③ 포터 2(디젤)
④ 팰리세이드(디젤)

07 현대자동차의 CSV(공유가치 창출) 추진과 관련한 다음 글의 빈칸에 공통으로 들어갈 내용으로 적절한 것은?

> 현대자동차의 _____은/는 중국의 황사 발원 지역인 내몽골 지역의 마른 알칼리성(소금) 호수를 초지로 복원하는 글로벌 생태 프로젝트이다. 현대자동차는 2021년부터 중국녹화기금회와 함께 내몽골 우란차뿌 차이오중치의 사막화된 호수 및 주변 퇴화된 초원 지역 67만m2를 대상으로 현대 _____ 3차 사업을 시작했다. 3차 사업에서는 초원의 탄소 흡수량을 측정하는 연구를 진행하는 한편, 공익숲 조성 사업을 병행할 계획이다. 또한 중국부빈기금회와 함께 인근 저소득 마을 소득 증진을 위한 '탄소 제로 숙박촌'을 조성할 예정이다.

① 그린존　　　　　　　　　　② 그린워싱
③ 그린뮤팅　　　　　　　　　④ 그린카본

08 다음 중 현대자동차그룹이 운영하고 있으며, 전 세계를 대상으로 활동 중인 대학생 봉사단체의 명칭은 무엇인가?

① 해피콜　　　　　　　　　　② 해피무브
③ 해피아워　　　　　　　　　④ 해피 바이러스

09 다음의 현대자동차 해외 생산공장 중에서 가장 먼저 완공된 것은 무엇인가?

① 체코 노쇼비체　　　　　　　② 미국 앨라배마주
③ 중국 베이징 공장(1공장)　　④ 튀르키예 이즈미트 공장

10 현대자동차에서는 운전면허 취득자를 대상으로 운전 경험 프로그램을 운영하고 있다. 다음 중 Level 1 ~ Level 3의 단계별 운전 경험 프로그램에서 교육 차량으로 제공되는 모델은 무엇인가?

① 베뉴　　　　　　　　　　　② 쏘나타
③ 그랜저　　　　　　　　　　④ 아반떼 N

01 고령화사회는 65세 이상의 인구가 총인구에서 차지하는 비율이 몇 % 이상일 때를 말하는가?

① 5%
② 7%
③ 14%
④ 20%

02 다음 중 기업이나 학교, 공공기관, 정부조직 내의 부정과 비리를 세상에 고발하는 내부고발자 또는 법적 용어로 공익신고자를 가리키는 말은?

① 프로파간다
② 디스인포메이션
③ 휘슬블로어
④ 매니페스토

03 원래는 좋은 의미였으나, 요즘에는 대단한 것인 양 어떤 곤란한 일에서 벗어나기 위한 상투적인 사용이나 표현을 가리키는 말은?

① 전가의 보도
② 뫼비우스의 띠
③ 미네르바의 부엉이
④ 슈뢰딩거의 고양이

04 다음 중 흥선대원군에 대한 설명으로 옳지 않은 것은?

① 비변사를 사실상 폐지하고 의정부와 삼군부의 기능을 부활시켰다.
②『대전회통』,『육전조례』 등 새로운 법전을 편찬하였다.
③ 양반들의 근거지인 향교를 47개소만 남기고 철폐하였다.
④ 임진왜란 때 불타버린 경복궁을 중건하였다.

05 다음은 1919년에 수립된 대한민국 임시정부를 설명한 것이다. 다음 중 옳지 않은 것은?

① 삼권 분립에 기초한 민주공화정체였다.
② 초대 대통령은 이승만, 국무총리는 김구였다.
③ 본국과의 연락을 위해 연통제를 실시했다.
④ 사료편찬부에서『한국독립운동지혈사』를 간행하였다.

06 다음 중 생산가능곡선을 우측으로 이동시키는 요인이 아닌 것은?

① 기술의 발전
② 노동력의 증가
③ 실업의 감소
④ 인적자본의 축적

07 다음 중 범위의 경제가 발생하는 경우로 옳은 것은?

① 고정비용이 높고 한계비용이 낮을 때
② 전체시장에 대해 하나의 독점자가 생산할 때
③ 유사한 생산기술이 여러 생산물에 적용될 때
④ 비용이 완전히 분산될 때

08 다음 중 여러 종류의 신체조직으로 분화할 수 있는 능력을 가진 일종의 모세포를 가리키는 말은?

① 소교세포
② 원핵세포
③ 줄기세포
④ 원뿔세포

09 다음 중 오랜 세월 동안 모래와 진흙이 쌓여 단단하게 굳은 탄화수소가 퇴적암층에 매장되어 있는 가스는?

① 셰일가스
② LPG가스
③ 천연가스
④ C1가스

10 다음 중 단백질이나 리보핵산(RNA) 등 생체물질을 이용해 특정 유전자만 골라 잘라내는 기술 중 '카스9' 단백질을 붙여 만든 것은?

① 파울 가위
② 보스코 가위
③ 크리스퍼 가위
④ 도보 하덴거 가위

※ 다음 중 빈칸에 들어갈 문장으로 가장 적절한 것을 고르시오. [1~5]

01

A : I have no idea what to eat for lunch.
B : I'm going to go eat hamburger or pasta for lunch, what do you like better?
A : _____
B : Come with me. I know good place.

① I can't move because I'm hungry.

② Hamburger sounds good. Do you know a good place?

③ Is the pork cutlet good there?

④ It's okay. I'm full.

02

A : Manager, I have a headache, Can I take a day off today?
B : It looks fine to me. Get back to your work.
A : _____
B : Don't try my patience.

① Thank you. See you tomorrow.

② I'm going to the hospital tomorrow.

③ I can't concentrate on my work because of my stomachache.

④ I'm serious, manager. I'm really sick now.

03

A : You look sleepy. Didn't you sleep last night?

B : Yeah, I couldn't sleep because I was doing my report.

A : _____

B : No, I think I'll have to stay up all night again.

① That must have been fun. Are you going to do it again today?

② Why didn't you do it earlier?

③ That's so bad. Did you finish it?

④ What time did you sleep last night?

04

A : I am going on a trip to France tomorrow.

B : Wow! nice. Where are you going to look around?

A : _____

B : Tell me how it was after you came back.

① I went there last year.

② I'm going to visit the Louvre Museum.

③ I booked a flight ticket for next month.

④ This is my second visit.

05

A : Something's wrong

B : What is it?

A : It makes a weird noise when I start the car.

B : _____

① You'd better go to the repair shop.

② Give me a ride to school tomorrow.

③ I got home at midnight yesterday.

④ It takes 20 minutes by car.

06

① A : Can you do me a favor?

　 B : Of cause, What is it?

② A : When does the movie start?

　 B : It starts at 2 o'clock.

③ A : Where is the delivery address?

　 B : Please deliver it by March 2nd.

④ A : Did you have lunch?

　 B : I just had some sandwiches.

07

① A : Do you have any plans for the holidays?

　 B : I will go on a trip with my friends during the holiday.

② A : Please check your email.

　 B : I checked, but there was no new mail.

③ A : Where were you during office hours?

　 B : I went to the pharmacy because I had a headache.

④ A : Where should I take the train to Seoul?

　 B : Your train will depart at noon.

08

① A : Where is Tom?

　 B : He is in home now.

② A : What did you do yesterday?

　 B : It's very cold.

③ A : Do you want to drink something?

　 B : Oh, Thanks. Coke please.

④ A : It's rainy today.

　 B : Take a umbrella here.

09
① A : How far the post office from here?

B : Maybe 10 kilometers here.

② A : Why this seminar is canceled?

B : All airport line is stopped because of heavy snow.

③ A : That grape is too high.

B : Let's find any ladder.

④ A : The book is 50,000 wons.

B : Why don't you take a rest?

10
① A : When do you finish your assignment?

B : It'll finish 2 day later.

② A : Sara looks very sick,

B : Please send this medicines.

③ A : It's too late. It's 10:00 o'clock already.

B : I'm going to bed now. Good night.

④ A : Let's eat something.

B : The sunglasses is very nice.

실전모의고사

🕐 응시시간 : 60분　📋 문항 수 : 70문항

모바일 OMR

정답 및 해설 p.108

01　자동차구조학

01　기관에서 흡입밸브의 밀착이 불량할 때 나타나는 현상으로 옳지 않은 것은?

① 압축압력 저하　　　　　　　② 가속 불량
③ 출력 향상　　　　　　　　　④ 공회전 불량

02　삼원 촉매 컨버터 장착차량의 2차 공기공급을 하는 목적으로 옳은 것은?

① 배기 매니폴드 내의 HC와 CO의 산화를 돕는다.
② 공연비를 돕는다.
③ NO_x의 생성이 되지 않도록 한다.
④ 배기가스의 순환을 돕는다.

03　엔진 회전수에 따라 최대의 토크가 될 수 있도록 제어하는 가변흡기 장치의 설명으로 옳은 것은?

① 흡기관로 길이를 엔진회전속도가 저속 시에는 길게 하고 고속 시에는 짧게 한다.
② 흡기관로 길이를 엔진회전속도가 저속 시에는 짧게 하고 고속 시에는 길게 한다.
③ 흡기관로 길이를 가·감속 시에는 길게 한다.
④ 흡기관로 길이를 감속 시에는 짧게 하고 가속 시에는 길게 한다.

04 LPG 사용 차량의 점화 시기는 가솔린 사용 차량에 비해 어떻게 해야 되는가?

① 다소 늦게 한다.

② 빠르게 한다.

③ 시동 시 빠르게 하고 시동 후에는 늦춘다.

④ 점화 시기는 상관없다.

05 전자제어 자동변속기 차량에서 스로틀 포지션 센서의 출력이 60%일 때 발생하는 현상은?

① 킥 다운 불량

② 오버드라이브 불량

③ 3속에서 4속으로의 변속 불량

④ 전체적인 기어 변속 불량

06 전자제어 제동장치(ABS)에서 ECU 신호계통, 유압계통의 이상 발생 시 솔레노이드 밸브 전원공급 릴레이를 "OFF"하며 동시에 제어 출력 신호를 정지하는 기능은?

① 연산 기능   ② 최초점검 기능

③ 페일 세이프 기능   ④ 입출력신호 기능

07 다음 중 자동변속기 차량에서 시동이 가능한 변속레버 위치는?

① P, N   ② P, D

③ 전구간   ④ N, D

08 자동차의 동력 전달장치에서 슬립조인트(Slip Joint)가 있는 이유는?

① 회전력을 직각으로 전달하기 위해서

② 출발을 쉽게 하기 위해서

③ 추진축의 길이변화를 주기 위해서

④ 추진축의 각도변화를 주기 위해서

09 기관의 최고출력이 70PS, 4,800rpm인 자동차가 최고출력을 낼 때의 총감속비가 4.8 : 1이라면 뒤차축의 액슬축 rpm은?

① 336rpm ② 1,000rpm

③ 1,250rpm ④ 1,500rpm

10 가솔린 성분 중 이소옥탄이 80%, 노멀헵탄이 20%일 때 옥탄가는?

① 80% ② 70%

③ 40% ④ 20%

11 점화순서가 1 – 3 – 4 – 2인 직렬 4기통 기관에서 1번 실린더가 흡입 중일 때 4번 실린더의 행정 상태는?

① 배기행정 ② 동력행정

③ 압축행정 ④ 흡입행정

12 다음 중 조향장치의 구비조건으로 옳지 않은 것은?

① 적당한 회전감각이 있을 것
② 고속주행에서도 조향핸들이 안정될 것
③ 조향 휠의 회전과 구동 휠의 선회차가 클 것
④ 선회 시 저항이 적고 선회 후 복원성이 좋을 것

13 다음 중 디젤 기관용 연료의 구비조건이 아닌 것은?

① 착화성이 좋을 것
② 내식성이 좋을 것
③ 인화성이 좋을 것
④ 적당한 점도를 가질 것

14 다음 중 기계식 분사시스템으로 공기유량을 기계적 변위로 변환하여 연료가 인젝터에서 연속적으로 분사되는 시스템은?

① K-제트로닉
② D-제트로닉
③ L-제트로닉
④ Mono-제트로닉

15 다음 중 전자제어 현가장치에 대한 내용으로 옳지 않은 것은?

① 급제동 시 노즈 다운 현상 방지
② 고속 주행 시 차량의 높이를 낮추어 안정성 확보
③ 제동 시 휠의 록 현상을 방지하여 안정성 증대
④ 주행조건에 따라 현가장치의 감쇠력을 조절

16 다음 중 선회 주행 시 뒷바퀴 원심력이 작용하여 일정한 조향 각도로 회전해도 자동차의 선회 반지름이 작아지는 현상은?

① 코너링 포스 현상   ② 언더 스티어 현상

③ 캐스터 현상   ④ 오버 스티어 현상

17 다음 중 조향핸들의 유격이 크게 되는 원인으로 옳지 않은 것은?

① 볼 이음의 마멸   ② 타이로드의 휨

③ 조향너클의 헐거움   ④ 앞바퀴 베어링의 마멸

18 브레이크 장치에서 급제동 시 마스터 실린더에 발생된 유압이 일정압력 이상이 되면 뒤쪽 휠 실린더로 전달되는 유압상승을 제어하여 차량의 쏠림을 방지하는 장치는?

① 하이드롤릭 유닛(Hydraulic Unit)

② 리미팅 밸브(Limiting Valve)

③ 스피드 센서(Speed Sensor)

④ 솔레노이드밸브(Solenoid Valve)

19 다음 중 CRDI 디젤엔진에서의 기계식 저압펌프의 연료공급 경로를 순서대로 바르게 나열한 것은?

① 연료탱크 – 저압펌프 – 연료필터 – 고압펌프 – 커먼레일 – 인젝터

② 연료탱크 – 연료필터 – 저압펌프 – 고압펌프 – 커먼레일 – 인젝터

③ 연료탱크 – 저압펌프 – 연료필터 – 커먼레일 – 고압펌프 – 인젝터

④ 연료탱크 – 연료필터 – 저압펌프 – 커먼레일 – 고압펌프 – 인젝터

20 다음 중 디젤 기관의 연료 여과장치의 설치 장소로 적절하지 않은 것은?

① 연료 공급펌프 입구

② 연료 탱크와 연료 공급펌프 사이

③ 연료 분사펌프 입구

④ 흡입다기관 입구

21 다음 중 디젤연료의 발화촉진제로 적절하지 않은 것은?

① 아황산에틸($C_2H_5SO_3$)

② 아질산아밀($C_5H_{11}NO_2$)

③ 질산에틸($C_2H_5NO_3$)

④ 질산아밀($C_5H_{11}NO_3$)

22 다음 중 냉각수 온도센서 고장 시 엔진에 미치는 영향으로 옳지 않은 것은?

① 공회전상태가 불안정하게 된다.

② 워밍업 시기에 검은 연기가 배출될 수 있다.

③ 배기가스 중에 CO 및 HC가 증가된다.

④ 냉간 시동성이 양호하게 된다.

23 연료의 저위발열량이 10,250kcal/kg_f일 경우 제동 연료소비율은?(단, 제동 열효율은 26.2%이다)

① 약 220g_f/PSh

② 약 235g_f/PSh

③ 약 250g_f/PSh

④ 약 275g_f/PSh

24 다음 중 라디에이터(Radiator)의 코어 튜브가 파열되었을 때, 그 원인으로 옳은 것은?

① 물 펌프에서 냉각수 누수일 때

② 팬 벨트가 헐거울 때

③ 수온 조절기가 제 기능을 발휘하지 못할 때

④ 오버플로 파이프가 막혔을 때

25 변속 보조 장치 중 도로조건이 불량한 곳에서 운행되는 차량에 더 많은 견인력을 공급해 주기 위해 앞 차축에도 구동력을 전달해 주는 장치는?

① 동력 변속 증강장치(P.O.V.S)

② 트랜스퍼 케이스(Transfer Case)

③ 주차 도움장치

④ 동력 인출장치(Power Take Off System)

26 다음 중 동력 조향장치의 스티어링 휠 조작이 무거울 때, 의심되는 고장부위로 적절하지 않은 것은?

① 랙 피스톤 손상으로 인한 내부 유압 작동 불량

② 스티어링 기어박스의 과다한 백래시

③ 오일탱크 오일 부족

④ 오일펌프 결함

27 다음 중 브레이크 페달의 유격이 클 때, 그 원인으로 옳지 않은 것은?

① 드럼브레이크 형식에서 브레이크 슈의 조정불량

② 브레이크 페달의 조정불량

③ 타이어 공기압의 불균형

④ 마스터 실린더 피스톤과 브레이크 부스터 푸시로드의 간극 불량

28 다음 중 주행 시 조향 휠의 떨림 현상의 발생 원인으로 적절하지 않은 것은?

① 휠 얼라인먼트 불량

② 허브 너트의 풀림

③ 타이로드 엔드의 손상

④ 브레이크 패드 또는 라이닝 간격 과다

29 다음 중 후륜구동 차량에서 바퀴를 빼지 않고 차축을 탈거할 수 있는 방식은?

① 반부동식　　　　　　　　　② 3/4부동식

③ 전부동식　　　　　　　　　④ 배부동식

30 다음 중 디젤기관 분사펌프 방식과 비교한 전자제어식 고압펌프의 특징이 아닌 것은?

① 동력성능 향상　　　　　　　② 쾌적성 향상

③ 부가장치 필요　　　　　　　④ 가속 시 스모그 저감

31 다음 중 스로틀 포지션 센서(TPS)의 설명으로 옳지 않은 것은?

① 공기유량센서(AFS) 고장 시 TPS 신호에 의해 분사량을 결정한다.

② 자동변속기에서는 변속시기를 결정해 주는 역할도 한다.

③ 검출하는 전압의 범위는 약 0 ~ 12V까지이다.

④ 가변저항기이고 스로틀밸브의 개도량을 검출한다.

32 차량용 엔진의 엔진성능에 영향을 미치는 여러 인자에 대한 설명으로 옳은 것은?

① 흡입효율, 체적효율, 충전효율이 있다.

② 압축비는 기관의 성능에 영향을 미치지 못한다.

③ 점화 시기는 기관의 특성에 영향을 미치지 못한다.

④ 냉각수온도, 마찰은 제외한다.

33 윤활장치에서 유압이 높아지는 이유로 적절한 것은?

① 과도한 릴리프밸브 스프링의 장력

② 엔진오일과 가솔린의 희석

③ 베어링의 마멸

④ 오일펌프의 마멸

34 디젤엔진에서 플런저의 유효행정을 크게 하였을 때, 발생하는 일은?

① 송출 압력이 커진다.

② 송출 압력이 작아진다.

③ 연료 송출량이 많아진다.

④ 연료 송출량이 적어진다.

35 전자제어 가솔린기관에서 워밍업 후 공회전 부조가 발생했을 때, 그 원인으로 옳지 않은 것은?

① 스로틀 밸브의 걸림

② ISC(아이들 스피드 컨트롤) 장치 고장

③ 수온센서 배선 단선

④ 과도한 액셀러레이터 케이블 유격

36 어떤 기관의 열효율을 측정하였을 때 열정산에서 냉각에 의한 손실이 29%, 배기와 복사에 의한 손실이 31%이고, 기계효율이 80%이였다. 이 기관의 정미열효율은?

① 40% ② 36%

③ 34% ④ 32%

37 다음 중 마스터 실린더에서 피스톤 1차 컵이 하는 일로 적절한 것은?

① 오일 누출 방지 ② 유압 발생

③ 잔압 형성 ④ 베이퍼 록 방지

38 다음 중 전자제어 제동장치(ABS)에서 휠 스피드 센서의 역할로 옳은 것은?

① 휠의 회전속도 감지 ② 휠의 감속 상태 감지

③ 휠의 속도 비교 평가 ④ 휠의 제동압력 감지

39 차동장치에서 차동 피니언과 사이드 기어의 백래시를 조정하는 방법으로 적절한 것은?

① 축받이 차축의 왼쪽 조정심을 가감하여 조정한다.

② 축받이 차축의 오른쪽 조정심을 가감하여 조정한다.

③ 차동장치의 링기어 조정장치를 조정한다.

④ 스러스트 와셔의 두께를 가감하여 조정한다.

40 구동 피니언의 잇수 6, 링기어의 잇수 30, 추진축의 회전수 1,000rpm일 때 왼쪽 바퀴가 150rpm 으로 회전한다면 오른쪽 바퀴의 회전수는?

① 250rpm ② 300rpm

③ 350rpm ④ 400rpm

01 다음 중 현대자동차의 인재상으로 옳지 않은 것을 모두 고르면?

㉠ 열정	㉡ 협력
㉢ 도전	㉣ 전문성
㉤ 실행력	㉥ 사회공헌

① ㉠, ㉡, ㉢

② ㉡, ㉣, ㉤

③ ㉢, ㉣, ㉥

④ ㉣, ㉤, ㉥

02 다음 중 현대자동차에서 제시한 핵심 가치(Core Value)로 옳은 것을 모두 고르면?

㉠ 글로벌 지향(Globality)	㉡ 원칙과 신뢰(Principles)
㉢ 고객 최우선(Customer)	㉣ 도전적 실행(Challenge)
㉤ 책임의식(Responsibility)	㉥ 소통과 협력(Collaboration)

① ㉠, ㉡, ㉢, ㉥

② ㉠, ㉢, ㉣, ㉥

③ ㉡, ㉢, ㉣, ㉤

④ ㉢, ㉣, ㉤, ㉥

03 현대자동차의 완성차 모델 중 첫 출시 연도가 가장 늦은 것은 무엇인가?

① 투싼

② 코나

③ 싼타페

④ 제네시스

04 다음 중 2022년 12월 일본에서 '2022 ~ 2023 올해의 수입차'로 선정된 모델은 무엇인가?

① 아이오닉 5

② 아반떼 하이브리드

③ 투싼 N Line 하이브리드

④ 디 올 뉴 코나 하이브리드

05 현대자동차의 아산공장에 대한 설명으로 옳은 것을 모두 고르면?

> ⊙ 환경친화적이며 기계화 자동 생산라인을 구축한 완전 자립형 첨단 공장이다.
> ⓒ 현대자동차의 중대형 베스트셀러 모델인 쏘나타와 그랜저를 생산하고 있다.
> ⓒ 트럭, 특장차, 중대형 버스 등 일상 상황에 필요한 상용차 등을 생산하고 있다.
> ⓔ 폐수 무방류 시스템, 3중 침출수 차단 설비를 갖춘 폐기물 매립시설 등이 있다.
> ⓜ 5만톤급 대형 선박 3척이 동시에 접안해 차량을 적재할 수 있는 전용 부두가 있다.

① ⊙, ⓒ, ⓔ

② ⊙, ⓒ, ⓜ

③ ⓒ, ⓒ, ⓔ

④ ⓒ, ⓔ, ⓜ

06 다음의 국내 현대모터스튜디오 소재지 중에 가장 이른 시기에 개관한 곳은 어디인가?

① 하남시

② 고양시

③ 서울시

④ 부산시

07 현대자동차의 고객 소통과 관련한 다음 기사의 빈칸에 공통으로 들어갈 명칭으로 옳은 것은?

> 현대자동차가 제2회 현대자동차 _____ 커스터마이징 아이디어 공모전(이하 "공모전")을 개최한
> 다. _____은/는 상품·서비스 개발 단계부터 고객의 아이디어와 의견을 적극 반영하기 위해 마
> 련된 현대차와 고객 사이의 소통 플랫폼이다. 2022년 2번째인 이번 공모전의 주제는 생애 처음으로
> 자동차를 구매하는 사회초년생(20대 ~ 30대)은 물론 자동차로 삶의 여유를 즐기는 액티브 시니어
> (60대 ~ 70대) 고객을 위한 상품 아이디어를 제시하는 것이다. 응모 자격에는 제한이 없으며, 현대
> 차 홈페이지를 통해 아이디어를 접수할 수 있다. 출품된 아이디어 중에 독창성, 상품성, 실현 가능
> 성 등의 심사 기준을 통과한 작품을 대상으로 고객 선호도 조사를 실시해 수상작들을 결정한다. 이
> 에 앞서 지난해 제1회 공모전에서 최종 선정된 아이디어 10건은 상품성·사업성 등을 종합적으로
> 고려해 상품 출시를 검토 중이라 한다.

① H-harmony

② H-commune

③ H-socialize

④ H-ear

08 현대자동차의 2022년 공급망 탄소감축 추진계획의 목표와 방법이 옳게 연결된 것은?

① 협력사 탄소중립 협의체 운영 – 임직원을 대상으로 한 ESG 기본·심화 온라인 교육과정 운영
② 협력사 대상 교육 및 인식 제고 – 현대자동차 탄소중립 전략에 대한 의견 수렴, 주요 이슈에 관한 의견 교환
③ 협력사 감축목표 검토 및 지원 프로그램 개발 – 사업장·공급망 등 온실가스 감축 정보 공개
④ 협력사 온실가스 배출량 및 에너지 사용량 조사 – 조사 양식 정교화 및 대상 확대

09 현대자동차는 '5스타 제도'를 운영해 협력사의 품질·기술·납입 수준의 정량적 평가를 진행하고 있다. 다음 중 품질 5스타의 평가 항목에 해당하지 않는 것은 무엇인가?

① 입고 불량률
② 품질관리 체제
③ 기초역량 : 인원, 투자
④ 품질경영 실적

10 다음 중 현대자동차에서 인권경영 도입을 위해 제정한 '현대자동차 인권헌장'에 대한 설명으로 옳지 않은 것은?

① 인권헌장의 적용 대상에 합작투자사(Joint Venture)의 직원은 포함되지 않는다.
② 임직원을 대상으로 차별 및 괴롭힘 금지 교육을 통해 상호 존중과 존엄을 기반으로 하는 조직문화 확산을 지향한다.
③ 차별 및 괴롭힘에 해당하는 행위들에 대해 무관용의 원칙에 따라 처리해 동일한 사건이 다시 발생되지 않도록 조치한다.
④ 차별 및 괴롭힘과 관련된 행위의 상시 신고 접수 채널을 구축하고, 신고 접수부터 조사, 인사 조치 시까지 신고자의 신분을 보호한다.

01 동전을 던졌을 때 첫 번째 동전이 '앞'이 나왔고, 두 번째 동전도 '앞'이 나왔다. 그렇다면 세 번째 동전은 '뒤'가 나올 확률이 더 높을 것으로 판단하기 쉬운데, 이러한 오류를 무엇이라 하는가?

① 후광 효과(Halo Effect)

② 콩코드 오류(Concorde Fallacy)

③ 커누스티 효과(Carnoustie Effect)

④ 도박사의 오류(Gambler's Fallacy)

02 현재의 속도는 현상 유지일 뿐, 경쟁에서 살아남으려면 두 배로 더 열심히 뛰어야 한다는 것을 뜻하는 용어는?

① 레드퀸 효과　　　　　　　　② 사일로 효과

③ 세뇨리지 효과　　　　　　　④ 호르메시스 효과

03 다음 중 온라인상에 남아있는 개인정보를 삭제 요청할 수 있는 권리는 무엇인가?

① 잊혀질 권리　　　　　　　　② 사라질 권리

③ 삭제할 권리　　　　　　　　④ 정보통제의 권리

04 다음 중 우리나라 청동기 시대의 유적과 유물에 대한 설명으로 옳은 것은?

① 수공업 생산과 관련된 가락바퀴가 처음으로 사용되었다.

② 불에 탄 쌀이 여주 흔암리, 부여 송국리 유적에서 발견되었다.

③ 청동기 시대 유적은 한반도 지역에 국한하여 주로 분포되어 있다.

④ 조개껍데기 가면 등의 예술품도 많이 제작되었다.

05 다음 중 고려의 대외 문물교류에 대한 설명으로 옳은 것은?

① 일본과는 정식 국교를 맺지 않아 무역 활동이 일체 중단되었다.

② 대동강 하류의 벽란도는 고려 시대 대표적인 국제 무역항이었다.

③ 대식국인으로 불린 아라비아 상인들은 주로 요를 거쳐 고려와 교역하였다.

④ 고려는 송이 남천(南遷)함에 따라 항로를 바꾸어 무역을 계속하였다.

06 소득분배의 상태를 평가하기 위한 척도로 지니계수가 널리 사용되고 있다. 어떤 사회의 소득이 어느 한 사람에게 집중되어 있을 때의 지니계수 값은?

① 1   ② 0.5

③ 0   ④ ∞

07 다음 중 한계생산력에 따라 생산물을 분배하게 될 경우 나타나는 현상은?

① 소득의 공평한 분배를 가져온다.

② 자원의 공평한 배분을 가져온다.

③ 빈부의 격차를 심화시킨다.

④ 분배국민소득이 증가한다.

08 다음 중 무질서의 상태 또는 물질계의 배열상태를 나타내는 물리량의 단위는 무엇인가?

① 엔트로피   ② 보손

③ 스펙트럼   ④ 모멘트

09 다음 중 위도 48° 이상의 고위도 지방에서 해가 지지 않는 현상을 일컫는 말은?

① 백야 현상   ② 일면 통과 현상

③ 식(蝕) 현상   ④ 오로라 현상

10 다음 중 면역 체계가 무너져 고농도의 바이러스를 보유하게 되면서 많은 사람에게 감염을 일으키는 사람을 의미하는 말로 옳은 것은?

① 일차 전파자   ② 숙주 전파자

③ 핵심 전파자   ④ 슈퍼 전파자

※ 다음 중 빈칸에 들어갈 문장으로 가장 적절한 것을 고르시오. [1~5]

01

> A : The headlight is broken and needs to be replaced.
> B : _____
> A : It costs 15 dollars.

① How long does it take to repair it?

② How much is it to replace it?

③ How can I get there?

④ Can I fix it by myself?

02

> A : What did you do on the weekend?
> B : I went to the movies with my kids.
> A : _____
> B : Good. My kids loved it too.

① How long does the movie take?

② What kind of movie is it about?

③ How was the movie?

④ How did it taste?

03

A : May I help you?
B : I'd like to refund the shoes I bought yesterday.
A : _____
B : Sure, here you are.

① It's perfect for me.

② May I see your receipt, please?

③ I'm sorry, but I can't give you a refund.

④ Would you like your shoes mended?

04

A : Shell we go out for walk?
B : Sure, but how's the weather outside?
A : _____

① It's clear outside now.

② We'll walk for about an hour.

③ Let's go out in half an hour.

④ The weather will be clear tomorrow.

05

A : What have you been up to?
B : I'm into skateboarding these days.
A : _____
B : Good, let's do it together next weekend.

① Where should I go?

② Let's start after eating.

③ I like it, too. Why don't you join me sometime?

④ I don't have time for that.

06
① A : This basket is very heavy.
  B : I'll call Mike.
② A : The yellowdust is very strong.
  B : The banana is yellow.
③ A : What's your favorite animal?
  B : A dog.
④ A : What is his job?
  B : He is a teacher.

07
① A : Happy birthday, Sujin.
  B : The Sun is very shiny.
② A : Bob's leg is broken due to car accident last week.
  B : That's too bad. Let's visit his ward this weekend.
③ A : The lawyer's office is on 16th floors.
  B : Let's take a elevator.
④ A : This midterm exam is so difficult.
  B : Let's study more hard.

08
① A : That rabbit is so cute.
  B : I agree too.
② A : How many candy in this basket?
  B : 15 candies in this basket.
③ A : This glass is too dirty.
  B : This glasses is very cheap.
④ A : Busan is so far from here.
  B : Why don't you take a train?

09 ① A : Your phone is too loud.

  B : Sorry. I'll turn down immediately.

② A : Why don't you go outside?

  B : My home is close to here.

③ A : Who is taller Minho and Suho?

  B : They are same.

④ A : The baseball game will start soon.

  B : Oh, How about go that cafeteria?

10 ① A : Oh, No! It's raining.

  B : I'll go home and bring in the laundry immediately.

② A : This flower's scent is good.

  B : Shall I give you some flowers?

③ A : I'm scared tonight.

  B : Don't worry. I'll be in here too.

④ A : Susan called you 15 minutes ago.

  B : I'm so hungry.

01　자동차구조학

01 3원 촉매장치의 촉매 컨버터에서 정화 처리하는 배기가스로 옳지 않은 것은?

① CO

② NO_X

③ SO_2

④ HC

02 실린더 배기량이 1,400cc이고, 압축비가 8일 때 연소실체적의 크기는?

① 175cc

② 200cc

③ 100cc

④ 150cc

03 가솔린 분사장치에서 분사밸브를 흡기다기관 또는 흡입통로에 설치하는 방식으로 옳지 않은 것은?

① SPI 방식

② MPI 방식

③ TBI 방식

④ GDI 방식

04 가솔린기관에서 행정 체적을 V_s, 연소실 체적을 V_c라고 할 때 압축비는?

① $\dfrac{V_c}{V_c + V_s}$

② $\dfrac{V_s}{V_c + V_s}$

③ $\dfrac{V_c + V_s}{V_c}$

④ $\dfrac{V_c + V_s}{V_s}$

05 다음 중 엔진의 과열 시 그 원인으로 적절하지 않은 것은?

① 라디에이터 코어의 파손
② 냉각수 부족
③ 물펌프의 고속 회전
④ 냉각계통의 냉각수 흐름 불량

06 다음 중 전자 배전 점화장치(DLI)의 내용으로 옳지 않은 것은?

① 코일 분배방식과 다이오드 분배방식이 있다.
② 독립점화방식과 동시점화방식이 있다.
③ 배전기 내부 전극의 에어 갭 조정이 불량하면 에너지 손실이 생긴다.
④ 기통 판별센서가 필요하다.

07 다음 중 디젤기관 연료장치에서 여과지식 연료 여과기의 기능으로 옳은 것은?

① 불순물만 제거
② 불순물과 수분 제거
③ 수분만 제거
④ 기름 성분만 제거

08 전자제어 동력 조향장치의 구성 요소 중 차속과 조향각 신호를 기초로 최적상태의 유량을 제어하여 조향휠의 조향력을 적절히 변화시키는 것은?

① 댐퍼 제어 밸브
② 유량 제어 밸브
③ 동력 실린더 밸브
④ 매뉴얼 밸브

09 다음 중 자동변속기에서 토크 컨버터의 터빈축이 연결되는 곳은?

① 변속기 입력 부분   ② 변속기 출력 부분

③ 가이드링 부분   ④ 임펠러 부분

10 다음 중 수동변속기에서 기어 변속이 힘든 경우로 적절하지 않은 것은?

① 클러치 자유간극(유격)이 부족할 경우

② 싱크로나이저스프링이 약화된 경우

③ 변속 축 또는 포크가 마모된 경우

④ 싱크로나이저과 기어콘의 접촉이 불량한 경우

11 다음 중 자동차의 레인 센서 와이퍼 제어장치에 대한 설명으로 옳은 것은?

① 엔진오일의 양을 감지하여 운전자에게 자동으로 알려주는 센서이다.

② 자동차의 와셔액 양을 감지하여 와이퍼가 작동 시 와셔액을 자동조절하는 장치이다.

③ 앞창 유리 상단의 강우량을 감지하여 자동으로 와이퍼 속도를 제어하는 센서이다.

④ 온도에 따라서 와이퍼 조작 시 와이퍼 속도를 제어하는 장치이다.

12 다음 중 엔진의 밸브간극을 조정하고자 할 때 가장 안전한 방법은?

① 엔진을 정지상태에서 조정

② 엔진을 공전상태에서 조정

③ 엔진을 가동상태에서 조정

④ 엔진을 크랭킹하면서 조정

13 다음 중 옥탄가를 측정하기 위해 특별히 장치한 기관으로써 압축비를 임의로 변경시킬 수 있는 기관은?

① LPG 기관   ② CFR 기관

③ 디젤 기관   ④ 오토 기관

14 현가장치에서 스프링 강으로 만든 가늘고 긴 막대 모양으로 비틀림 탄성을 이용하여 완충 작용을 하는 부품은?

① 공기 스프링   ② 토션 바 스프링

③ 판 스프링   ④ 코일 스프링

15 다음 중 클러치의 구비조건으로 옳지 않은 것은?

① 회전관성이 클 것

② 회전부분의 평형이 좋을 것

③ 구조가 간단할 것

④ 동력을 차단할 경우에는 신속하고 확실할 것

16 기관의 회전수가 5,500rpm이고 기관출력이 70PS이며 총 감속비가 5.5일 때 뒤 액슬축의 회전수는?

① 800rpm   ② 1,000rpm

③ 1,200rpm   ④ 1,400rpm

17 다음 중 센서와 내부 구조 및 원리에 대한 설명이 바르게 연결되지 않은 것은?

① 냉각수 온도센서 : NTC를 이용한 서미스터 전압 값의 변화

② 맵센서 : 진공으로 저항(피에조)값을 변화

③ 지르코니아 산소센서 : 온도에 의한 전류값을 변화

④ 스로틀(밸브)위치센서 : 가변저항을 이용한 전압 값 변화

18 다음 중 디젤기관에서 실린더 내의 연소압력이 최대가 되는 기간은?

① 직접 연소기간

② 화염 전파기간

③ 착화 지연기간

④ 후기 연소기간

19 다음 〈조건〉에서 밸브 오버랩 각도는 몇 °인가?

> **조건**
>
> • 흡입밸브 : 열림 BTDC 18°, 닫힘 ABDC 46°
> • 배기밸브 : 열림 BBDC 54°, 닫힘 ATDC 10°

① 8°

② 28°

③ 44°

④ 64°

20 다음 중 타이어의 공기압에 대한 설명으로 옳지 않은 것은?

① 공기압이 낮으면 일반 포장도로에서 미끄러지기 쉽다.

② 좌우 공기압에 편차가 발생하면 브레이크 작동 시 위험을 초래한다.

③ 공기압이 낮으면 트래드 양단의 마모가 많다.

④ 좌우 공기압에 편차가 발생하면 차동 사이드 기어의 마모가 촉진된다.

21 자동차 기관에서 과급을 하는 목적으로 적절한 것은?

① 기관의 윤활유 소비를 줄인다.
② 기관의 회전수를 빠르게 한다.
③ 기관의 회전수를 일정하게 한다.
④ 기관의 출력을 증대시킨다.

22 커넥팅 로드의 비틀림이 엔진에 미치는 영향으로 옳지 않은 것은?

① 압축압력의 저하
② 타이밍 기어의 백래시 촉진
③ 회전에 무리를 초래
④ 저널 베어링의 마멸

23 다음 중 최적의 공연비로 가장 적절한 것은?

① 공전 시 연소 가능범위의 연비
② 이론적으로 완전연소 가능한 공연비
③ 희박한 공연비
④ 농후한 공연비

24 피스톤의 평균속도를 올리지 않고 회전수를 높일 수 있으며 단위 체적당 출력을 크게 할 수 있는 기관은?

① 장행정 기관   ② 정방형 기관
③ 단행정 기관   ④ 고속형 기관

25 4행정 사이클 6실린더 기관의 지름이 100mm, 행정이 100mm, 기관 회전수 2,500rpm, 지시평균 유효압력이 $8kg_f/cm^2$이라면 지시마력은 약 몇 PS인가?

① 80

② 93

③ 105

④ 150

26 디젤기관의 예열장치에서 연소실 내의 압축공기를 직접 예열하는 형식은?

① 히터레인지식

② 예열플러그식

③ 흡기가열식

④ 흡기히터식

27 다음 중 가솔린의 안티 노크성을 나타낸 것은?

① 세탄가

② 헵탄가

③ 옥탄가

④ 프로판가

28 다음 중 LPG기관에서 피드백 믹서 방식의 특징으로 옳지 않은 것은?

① 경제성이 좋다.

② 연료 분사펌프가 있다.

③ 대기오염이 적다.

④ 엔진오일의 수명이 길다.

29 I.S.C(Idle Speed Control)서보기구에서 컴퓨터 신호에 따른 기능으로 옳은 것은?

① 공전속도를 제어   ② 공전 연료량을 증가

③ 가속 속도를 증가   ④ 가속 공기량을 조절

30 전자제어 가솔린기관의 진공식 연료압력 조절기에 대한 설명으로 옳은 것은?

① 급가속 순간 흡기다기관의 진공은 대기압에 가까워 연료압력은 낮아진다.

② 흡기관의 절대압력과 연료 분배관의 압력차를 항상 일정하게 유지시킨다.

③ 대기압이 변화하면 흡기관의 절대압력과 연료 분배관의 압력차도 같이 변화한다.

④ 공전 시 진공호스를 빼면 연료압력은 낮아지고 다시 호스를 꼽으면 높아진다.

31 다음 중 전자제어 엔진에서 냉간 시 점화시기 제어 및 연료분사량 제어를 하는 센서는?

① 대기압 센서   ② 흡기온 센서

③ 수온 센서   ④ 공기량 센서

32 변속기의 변속비가 1.5, 링기어의 잇수 36, 구동피니언의 잇수 6인 자동차를 오른쪽 바퀴만을 들어서 회전하도록 하였을 때 오른쪽 바퀴의 회전수는?(단, 추진축의 회전수는 2,100rpm이다)

① 350rpm   ② 450rpm

③ 600rpm   ④ 700rpm

33 수동변속기에서 싱크로메시(Synchromesh)기구의 기능이 작용하는 시기는?

① 클러치 페달을 놓을 때 ② 클러치 페달을 밟을 때

③ 변속기어가 물릴 때 ④ 변속기어가 물려 있을 때

34 요철이 있는 노면을 주행할 경우, 스티어링 휠에 전달되는 충격을 무엇이라 하는가?

① 시미 현상 ② 웨이브 현상

③ 스카이 훅 현상 ④ 킥 백 현상

35 다음 중 자동차용 AC발전기에서 자속을 발생시키는 부품은?

① 로터(Rotor) ② 스테이터(Stator)

③ 브러시(Brush) ④ 다이오드(Diode)

36 다음 중 기동전동기에서 회전하는 부분이 아닌 것은?

① 오버러닝 클러치 ② 정류자

③ 계자코일 ④ 전기자 철심

37 어떤 축전지 전해액의 비중을 측정하였더니 1.180이었을 때, 이 축전지의 방전율은?(단, 완전 충전시의 비중이 1.280이고 완전 방전시의 비중은 1.080이다)

① 20% ② 30%

③ 50% ④ 70%

38 다음 중 자동차의 IMS(Integrated Memory System)에 대한 설명으로 옳은 것은?

① 배터리 교환주기를 알려 주는 시스템이다.

② 스위치 조작으로 설정해 둔 시트위치로 재생시킨다.

③ 편의장치로서 장거리 운행 시 자동운행 시스템이다.

④ 도난을 예방하기 위한 시스템이다.

39 다음 중 중앙집중식 제어장치(ISU)의 입출력 요소 역할에 대한 설명으로 옳지 않은 것은?

① 모든 도어 스위치 : 각 도어 잠김 여부 감지

② INT 스위치 : 와셔 작동 여부 감지

③ 핸들 록 스위치 : 키 삽입 여부 감지

④ 열선 스위치 : 열선 작동 여부 감지

40 점화코일에서 고전압을 얻도록 유도하는 공식으로 옳은 것은?(단, E_1 : 1차코일에 유도된 전압, E_2 : 2차코일에 유도된 전압, N_1 : 1차코일의 유효권수, N_2 : 2차코일의 유효권수)

① $E_2 = \dfrac{N_1}{N_2} E_1$

② $E_2 = N_1 \times N_2 \times E_1$

③ $E_2 = \dfrac{N_2}{N_1} E_1$

④ $E_2 = N_2 + (N_1 \times E_1)$

01 현대자동차는 공급망 ESG 추진의 일환으로 분쟁광물(책임광물)의 사용을 금지하는 '책임있는 광물 관리 정책'을 실시하고 있다. 이와 관련한 다음 설명의 빈칸에 들어갈 내용으로 가장 적절한 것은?

> 현대자동차는 분쟁광물(책임광물) 정책에 명시된 방침에 따라 당사에 공급되는 부품에 대해서는 분쟁광물(주석, 텅스텐, 탄탈륨, 금)을 포함한 원재료(광물) 적용 시 인권 침해, 윤리 위반, 부정적 환경영향 등 사회환경적 이슈를 점검하도록 지속 관리하고 있다. 이에 현대자동차는 분쟁광물과 관련한 OECD 가이드, 미국 '도드-프랭크 규제개혁법'에 따른 미국 증권거래위원회(SEC)의 기업에 대한 요구사항, EU의 분쟁광물 규제 등을 기반으로 분쟁광물(책임광물) 정책을 수립하여 분쟁광물 및 코발트에 대한 윤리적이고 책임있는 관리를 지속하고 있다. 또한 현대자동차는 OECD 분쟁광물 가이드를 지지하고, _____에서 제공하는 표준양식인 CMRT/CRT를 준용하며, 이에 의거해 관리 프로세스를 정립하여 책임있고, 명확한 정책을 바탕으로 관리 프로세스를 운영하고 있다.

① RMI
② IMDS
③ ISO 14001
④ ISO 45001

02 다음의 현대자동차의 제품의 안전성을 개선하는 기술 중에서 주로 충돌 시에 보행자의 부상 정도를 줄이는 역할을 하는 것은 무엇인가?

① 3세대 통합 플랫폼
② 액티브 후드 시스템
③ 전방 충돌방지 보조
④ 다중충돌방지 자동 제동

03 현대자동차에서 실시하는 주요 잠재 리스크와 그 관리사항의 연결이 옳지 않은 것은?

① 기후변화 위험 – 탄소감축 및 제로화를 위한 전동화 차량 중심의 사업구조 재편
② 이자율 위험 – 단기 차입금에 있어 고정이자율 차입금과 변동이자율 차입금 균형 조정
③ 환 위험 – 환율 전망에 따른 외화 자금 수급 결제일 조정 및 외환 파생상품 등을 헷지 수단으로 활용
④ 수자원 위험 – 부품 조달부터 생산, 운행 과정에 이르는 모든 단계의 2045년 탄소중립 목표 수립

04 현대자동차에서 추진하고 있는 패션업계와 협업을 통한 업사이클링 프로젝트의 명칭은 무엇인가?

① 리스타일(Re:Style)

② 리유니언(Re:Union)

③ 리포메이션(Re:Formation)

④ 리오거니제이션(Re:Organization)

05 현대자동차 이사회의 산하 위원회 가운데 그 위원회를 구성하는 이사의 숫자가 가장 많은 것은?

① 감사위원회

② 보수위원회

③ 지속가능경영위원회

④ 사외이사후보추천위원회

06 현대자동차의 주요 이해관계자 그룹별 커뮤니케이션 채널이 잘못 연결된 것은?

① 임직원 – 고충처리 제도, 산업안전보건위원회

② 주주・투자자 – 주주총회, 지속가능경영위원회

③ 협력사 – 동반성장 포털사이트, HMG 파트너 시스템

④ 지역사회 – 투명구매실천센터 사이트, 글로벌상생협력센터

07 다음의 현대자동차의 서비스 브랜드의 명칭에서 빈칸에 공통으로 들어갈 내용은 무엇인가?

> * _____링크 : 현대자동차 커넥티드 카 서비스
> * _____멤버스 : 현대자동차 오너 대상 멤버십 서비스
> * _____핸즈 : 차량 점검・수리・정비 서비스를 제공하는 공식 협력사

① 레드(Red)

② 블루(Blue)

③ 그린(Green)

④ 퍼플(Purple)

08 다음은 현대자동차의 수소 생태계 조성과 관련한 기사의 일부이다. 다음 기사의 빈칸에 들어갈 내용은 무엇인가?

> 깨끗한 환경을 위한 에너지원으로 주목받는 수소는 현재 산업 변화의 주축으로 주목받는다. 현대자동차그룹은 2021년 9월 '하이드로젠 _____'에서 2040년까지 수소에너지가 '누구나, 모든 것에, 어디에나' 쉽고 편하게 쓰일 수 있도록 수소사회를 구축하겠다는 비전을 선포한 바 있으며, 글로벌 자동차 업계 최초로 2028년까지 모든 상용차 라인업에 수소연료전지를 탑재하겠다는 목표 달성을 위한 단계적 이행 방안도 제시했다. 이러한 계획에 따라, 현대자동차는 향후 상용차를 중심으로 수소 모빌리티를 빠르게 확대해 나갈 것입니다.

① 웨이브(Wave)
② 시그널(Signal)
③ 스트림(Stream)
④ 가이던스(Guidance)

09 현대지동차가 미래에 새로운 가치사슬을 창출을 위해 2021년 6월 인수한 미국 인공지능 로보틱스 기업은 무엇인가?

① 아이로봇(iRobot)
② 유비테크(UBTECH)
③ 보스턴 다이내믹스(Boston Dynamics)
④ 로크웰 오토메이션(Rockwell Automation)

10 현대자동차가 그룹 계열사인 기아자동차와 함께 구축하고 있는 스마트 팩토리의 명칭은 무언인가?

① 엔포레스트(N-Forest)
② 이포레스트(E-Forest)
③ 케이포레스트(K-Forest)
④ 에이치포레스트(H-Forest)

01 다음 중 지적재산권에 반대해 창작물에 대한 권리를 모든 사람이 공유할 수 있도록 하는 것 또는 그러한 운동을 의미하는 용어는?

① 카피레프트
② 카피라이트
③ CCL
④ 퍼뮤니케이션

02 젊었을 때 극단적으로 절약한 후 노후자금을 빨리 모아 이르면 30대, 늦어도 40대에는 퇴직하고자 하는 사람들을 의미하는 신조어는?

① 욜로족
② 피딩족
③ 파이어족
④ 홀로족

03 다음 중 제시된 용어와 그에 대한 설명이 옳지 않은 것은?

① 모모세대 : 1990년대 후반 이후에 태어나 모바일 기기에 익숙한 세대
② 화이트 워싱 : 반복되는 위기임에도 불구하고 뚜렷한 해결책을 찾지 못하는 상황
③ 펭귄효과 : 상품 구매를 망설이다가 남들이 사면 덩달아 구매하는 현상
④ 레밍 신드롬 : 지도자나 자신이 속한 무리가 하는 대로 주관 없이 따라서 행동하는 것

04 다음 중 산미증식계획의 내용과 거리가 먼 것은?

① 국내에서 소비할 쌀을 메우기 위해 만주에서 잡곡이 수입되었다.
② 지주는 수리 조합 사업비, 토지 개량 사업비 등을 소작농에게 부담시켰다.
③ 농업 구조가 벼농사 위주로 단순화되었다.
④ 쌀 생산량 증가로 인해 농민의 쌀 소비량이 증가하였다.

05 다음 중 미·영·중·소 4개국이 5년간의 신탁 통치안을 결의한 회의는?

① 카이로 회담 ② 얄타 회담

③ 모스크바 3상 회의 ④ 포츠담 선언

06 다음 중 대기업들이 간과하고 있거나 무시하고 있는 시장을 중소기업들이 개척하는 전략은?

① 시장세분화 전략 ② 적소시장 전략

③ 제품차별화 전략 ④ 가격차별화 전략

07 다음 중 현대 기업의 구조적 특징에 대한 내용으로 옳지 않은 것은?

① 전문경영자의 출현 ② 부재자소유

③ 경영자혁명 ④ 소유와 경영의 분리

08 다음 중 매우 무질서하고 불규칙적으로 보이는 현상 속에 내재된 일정 규칙이나 법칙을 밝혀내는 이론은?

① 카오스 이론 ② 빅뱅 이론

③ 엔트로피 이론 ④ 퍼지 이론

09 다음 중 블랙홀 이론을 최초로 정립하여 주장한 사람은 누구인가?

① 스티븐 호킹 ② 알버트 아인슈타인

③ 제롬 프리드먼 ④ 프레드 호일

10　다음 중 뉴턴의 운동 법칙이 아닌 것은?

① 관성의 법칙

② 만유인력의 법칙

③ 작용·반작용의 법칙

④ 가속도의 법칙

※ 다음 중 빈칸에 들어갈 문장으로 가장 적절한 것을 고르시오. [1~5]

01

> A : What's wrong with you? You look so bad.
> B : I think I drank too much yesterday.
> A : _____
> B : Yeah, I think so too.

① How much did you drink yesterday?
② Did something bad happen recently?
③ I'm going home early today.
④ I think you should take a break today.

02

> A : I have a present for you.
> B : Wow! What is this?
> A : _____
> B : A camera! That's what I wanted it. Thank you!

① Please, open the box.
② What will you give me for my birthday?
③ It's a gift I got yesterday.
④ Now, Where is mine?

03

A : Excuse me, I'm looking for a book titled "Basic Engineering"
B : _____
A : Yes, It's written by Martin Cooper.

① Do you know the name of the author?

② When was the book published?

③ What color is the cover?

④ When did you find it?

04

A : How may I help you?
B : I'd like to get copies of this paper.
A : All right. How many copies do you need?
B : _____

① Please finish it by tomorrow.

② I'll pick it up in the afternoon.

③ Make it into a book, please.

④ I need 300 copies.

05

A : Would you like to go out for dinner?
B : I'd love to. Where are we going?
A : How about the new pizza restaurant in town?
B : Do we need a reservation?
A : _____

① Please finish it by tomorrow.

② I don't think it is necessary.

③ I'll pick it up in the afternoon.

④ Make it into a book, please.

06 ① A : I don't understand this word meaning.

   B : How about search at this Website?

 ② A : This table made by marble.

   B : The red ring is bigger than the blue ring.

 ③ A : How much is this computer?

   B : It's 700 dollars.

 ④ A : This park will be closed 08:00pm.

   B : Then, let's go out 7:30pm.

07 ① A : You play the piano very well!

   B : Do you want to play the piano too?

 ② A : I'm so busy this month.

   B : Cheer up, you can do it.

 ③ A : I will be late 10 minutes because of traffic jam.

   B : Take off bus and run now.

 ④ A : The fence is broken due to heavy storm

   B : I love this fence's color.

08 ① A : The sunshine is too strong.

   B : Don't go outside.

 ② A : This room is too noisy.

   B : Do you want some snack?

 ③ A : I have visited this temple last year.

   B : How was it then?

 ④ A : This rock is too rough so our hand can be hurt.

   B : Here are gloves. Put on this.

09

① A : Your essay is so impressed.

　 B : My favorite food is ice-cream.

② A : I'll marry in May.

　 B : Congratulation!

③ A : That yellow sign is meaning caution.

　 B : OK. I'll drive more carefully.

④ A : How can I go to the sydney?

　 B : At first, go to any international airport.

10

① A : I want to buy frame for my family picture.

　 B : Then, how about this one?

② A : We don't use these papers.

　 B : Tie them ant bring it to a loading dock.

③ A : Do you hear strange sound anywhere?

　 B : Your voice is so beautiful.

④ A : What did you do yesterday?

　 B : I went to orphanage to volunteer.

우리는 삶의 모든 측면에서 항상
'내가 가치 있는 사람일까?'
'내가 무슨 가치가 있을까?'라는 질문을
끊임없이 던지곤 합니다.
하지만 저는 우리가 날 때부터 가치 있다 생각합니다.

– 오프라 윈프리 –

실전모의고사
정답 및 해설

01 자동차구조학

01	02	03	04	05	06	07	08	09	10	11	12	13	14	15	16	17	18	19	20
①	③	④	①	①	①	②	④	②	②	①	②	③	②	④	③	④	①	④	②
21	22	23	24	25	26	27	28	29	30	31	32	33	34	35	36	37	38	39	40
②	③	①	④	④	③	③	④	②	②	④	②	④	②	②	②	①	①	②	①

01
정답 ①

전자제어 가솔린 분사장치의 연료펌프에서 체크밸브는 연료라인의 잔압 유지와 이를 통한 재시동성의 향상을 위해 장착된다.

02
정답 ③

베어링 스프레드는 하우징과의 지름 차이이며, 피스톤 핀 저널에 베어링과의 조립 시 밀착되게 끼울 수 있도록 한다.

03
정답 ④

엔진에서 상사점 후(ATDC) $10 \sim 15°$에 최고폭발 압력점에 도달하며 이를 맞추기 위해 점화시기를 제어한다.

04
정답 ①

MAP 센서는 진공도가 클수록 낮은 전압이 출력되고, 진공도가 낮을수록(=대기압에 가까울수록) 높은 전압이 출력된다.

05
정답 ①

일정 체적을 유지하며(정적) 연소가 일어나는 가솔린기관은 오토 사이클이다.

열역학적 사이클에 의한 분류
- 오토 사이클(정적 사이클) : 가솔린, LPG엔진
- 디젤 사이클(정압 사이클) : 저속디젤엔진
- 사바테 사이클(복합 사이클) : 고속디젤엔진(디젤자동차)

06
정답 ①

[피스톤 평균속도(V_p)]$= \dfrac{L \times N}{30}$ 이므로, $\dfrac{0.1 \times 1,500}{30} = 5$m/sec이다(L=100mm=0.1m).

07

정답 ②

조속기(거버너)는 연료량을 제어하여 최고회전을 조절하며 과속(Over Run)을 방지하는 기구이다.

[오답분석]

① 타이머 : 엔진회전속도에 대하여 분사시기제어를 한다.

③ 세그먼트 : 자동차를 차체의 길이에 따라 구분하는 방법

④ 연료펌프 : 내연기관 내 연료가 필요한 부품에 연료를 공급하는 장치

08

정답 ④

가솔린기관의 노킹 방지법 중 하나는 냉각수 온도와 흡기온도를 낮추어 노킹을 방지한다.

가솔린기관의 노킹 방지법
- 고옥탄가 가솔린(내폭성이 큰 가솔린)을 사용한다.
- 점화시기를 늦춘다.
- 혼합비를 농후하게 설정한다.
- 압축비를 낮춘다.
- 냉각수 온도를 낮춘다.
- 화염전파 속도를 향상시킨다(화염 전파거리 감소 등).
- 혼합가스의 와류 발생을 증가시킨다.
- 연소실 내 쌓인 카본(찌꺼기)을 제거한다.

09

정답 ②

과급기(터보차저)장치의 사용목적
- 엔진의 출력을 향상시킨다.
- 평균유효압력을 향상시킨다.
- 체적효율을 향상시킨다.
- 토크의 크기를 증가시킨다.

10

정답 ②

2행정 사이클에서 크랭크축이 1회 회전하면 1회의 폭발이 일어나므로 2회의 폭발이 일어났다면 크랭크축은 2회전하였음을 알 수 있다.

11

정답 ①

실린더 헤드를 알루미늄 합금으로 제작하는 이유는 타 금속에 비해 가볍고 열전도율이 우수하기 때문이다.

12

정답 ②

전자제어 현가장치에서 액추에이터는 오일의 오리피스 통로 면적을 조절하여 쇽업소버의 감쇠력을 조절하는 역할을 하며 모터드라이브형식, 피에조 형식, 연속가변형 액추에이터 방식 등이 있다.

13

정답 ③

자동차에서 많이 사용하는 조향 기어장치는 래크 – 피니언, 웜 – 섹터형식, 볼 – 너트 형식이다.

14
정답 ②

전차륜 정렬(자동차의 앞바퀴 정렬)에서 토인과 토아웃의 조정은 타이로드의 길이를 증감시켜 조절한다.

15
정답 ④

압력판은 스프링의 장력에 의해 클러치 디스크를 플라이휠에 압착시키는 역할을 한다.

16
정답 ③

기어오일의 과다 주유는 변속이 어려워지는 이유와 무관하다.

17
정답 ④

점화장치에서의 파워트랜지스터는 1차 코일에서 흘러나온 기전력이 컬렉터 단자로 들어오며 ECU에 의해 베이스 단자의 전류를 단속하고 이미터 단자가 접지되어 있다.

18
정답 ①

펄스 제너레이터 파형의 측정은 차량을 리프트업 후 출력파형을 측정한다.

19
정답 ④

냉각장치 점검 시 적정 압력 이상으로 가압하면 안 된다.

20
정답 ②

$$(EGR율) = \frac{(EGR가스량)}{(흡입공기량) + (EGR가스량)} \times 100$$

21
정답 ②

칼만와류식 에어 플로 센서는 공기 흡입 시 기둥에서 발생하는 와류의 증감을 초음파로 측정하여 ECU로 보낸다.

22
정답 ③

파스칼의 법칙은 '폐회로 내 모든 방향에서 작용하는 압력의 크기는 같다'는 법칙으로 유압식 브레이크가 이를 응용한 장치 중 하나이다.

23
정답 ①

체적효율은 흡입공기가 뜨거울 때 감소한다.

24
정답 ④

휠 스피드 센서는 전자제어 제동장치(ABS; Anti-lock Brake System)의 구성부품이다.

25

타이어의 편마모 등의 원인으로 타이어가 불평형인 상태에서 바퀴의 상·하 진동이 발생하는 현상을 트램핑(Tramping)이라고 한다.

26

전자제어 현가장치(ECS)의 제어요소 중 롤링을 방지하는 기능을 가진 제어 시스템을 안티롤 제어라 한다.

27

오일펌프 압력 스위치는 동력 조향 장치에서 오일펌프에 부하가 발생하면 기관의 회전수를 증가시키는 신호로서 사용된다.

28

마스터 실린더의 리턴구멍이 막히면 브레이크 작동 후 다시 해제하려고 해도 유압이 되돌아오지 못하여 제동력이 풀리지 않는 현상이 발생할 수 있다.

29

AND(논리곱)은 모든 입력신호가 1일 경우에만 1로 출력하고, 어느 하나라도 0으로 입력되면 0으로 출력한다.

[오답분석]
① NOT(논리부정) : 입력신호의 반대 신호를 출력한다.
③ NAND(논리곱 부정) : 모든 입력 신호가 1일 때에만 0으로 출력한다.
④ NOR(논리합 부정) : 어느 하나라도 입력 신호가 1일 경우에 0으로 출력한다.

30

자동차용 배터리 급속 충전은 축전지 용량의 1/2의 전류로 15 ~ 20분 동안 충전하는 방법을 말한다.

31

IG1과 IG2를 구분하는 이유는 스타트 시 기동전동기의 소모전류가 매우 많으므로 다른 전장품들의 전원을 일시적으로 차단하여 시동성능을 원활하게 하기 위함이다.

32

$$\text{IPS} = \frac{P_{mi} \times A \times L \times Z \times \frac{N}{2}}{75 \times 60 \times 100} \left(\text{2행정 사이클 엔진 : R, 4행정 사이클 엔진 : } \frac{R}{2} \right) \text{이므로} \quad \frac{7.5 \times 200 \times 4 \times \frac{2,400}{2}}{75 \times 60 \times 100} = 16\text{PS이다.}$$

33

피스톤 링이 실린더 내벽에 편심 압력을 가하면 응력 집중으로 실린더 내벽의 부분적 마모가 증가하여 내구성이 저하될 수 있다.

34

정답 ②

일반적으로 4행정 4기통에서 점화 위상각은 180°이고 6실린더의 경우 120°, 8실린더의 경우 90°에서 일어난다.

35

정답 ②

튜브리스 타이어(Tubeless Tire)는 못 등이 박혀도 공기 누출이 적고 고속 주행 시에도 발열이 적으며 펑크 수리가 간단하다. 하지만 타이어와 접촉되는 림 부분의 손상이 생기면 공기가 누출될 수 있다.

36

정답 ②

클러치 스프링의 장력이 약화되면 압력 판을 통한 디스크를 플라이휠의 압착력이 저하되어 디스크 슬립 현상이 발생한다.

37

정답 ①

배전기가 없는 DLI 점화시스템은 ECU가 파워TR 베이스 전류를 단속하여 에너지 손실이 적고 점화 에너지를 크게 할 수 있다. 또한 내구성이 배전기 타입에 비해 우수하고 점화 진각량의 제한이 없다.

38

정답 ①

점프와이어는 전원의 통전 및 접지 상태에서 점검하는 데 사용한다.

39

정답 ②

활성탄 캐니스터(Charcoal Canister)는 연료 증발가스를 제어하기 위해 장착된다. 이 가스는 미연소 가스로서 탄화수소(HC) 상태이다.

40

정답 ①

TBI(Throttle Body Injection)는 스로틀 보디를 지나는 공기에 연료를 분사하는 가솔린 분사 시스템으로 연료분사장치가 스로틀 보디 상부에 장착된다.

01	02	03	04	05	06	07	08	09	10
①	②	③	④	①	①	③	②	③	④

01

정답 ①

현대자동차는 고객 최우선(Customer), 도전적 실행(Challenge), 소통과 협력(Collaboration), 인재 존중(People), 글로벌 지향(Globality) 등의 5대 핵심 가치(Core Value)를 통해 '자동차에서 삶의 동반자로'라는 비전(Vision)을 세우고, 이러한 핵심 가치와 비전을 토대로 '창의적 사고와 끝없는 도전을 통해 새로운 미래를 창조함으로써 인류 사회의 꿈을 실현한다'는 경영철학(Management Philosophy)을 도출하였다.

오답분석
② '혁신적 제품 및 서비스 제공, 고객 안전 및 행복 추구, 사회공헌, 지속적인 내실 성장 실현' 등은 쌍용자동차의 기업이념이다.
③ 한국GM 쉐보레는 글로벌 브랜드를 지향점으로 삼는다.
④ 존중(Respect), 신뢰(Trust), 투명(Transparency) 등의 핵심 가치를 통해 도출된 르노코리아의 비전이다.

02

정답 ②

현대자동차 전용 전기차 브랜드 아이오닉의 2번째 모델인 아이오닉 6는 2023년 1월 유럽의 신차 안전성 평가 프로그램인 유로 NCAP(New Car Assessment Programme)의 '대형 패밀리카(Large Family Car)' 부문에서 '최우수(Best in Class)' 차량에 선정됐다. 유로 NCAP측은 아이오닉 6가 정면·측면 충돌 실험에서 승객 공간이 안전한 상태를 유지해 성인과 어린이 탑승자의 주요 신체를 잘 보호했다며 강건한 차체는 물론 승객을 보호하는 에어백 시스템, 다양한 첨단 안전 보조 기능 등이 결합되어 최고 등급의 안전도 획득을 이끌었다며 선정 사유를 밝혔다.

03

정답 ③

현대자동차그룹의 인재상
• 도전 : 실패를 두려워하지 않으며, 신념과 의지를 가지고 적극적으로 업무를 추진하는 인재
• 창의 : 항상 새로운 시각에서 문제를 바라보며 창의적인 사고와 행동을 실무에 적용하는 인재
• 열정 : 주인의식과 책임감을 바탕으로 회사와 고객을 위해 헌신적으로 몰입하는 인재
• 협력 : 개방적 사고를 바탕으로 타 조직과 방향성을 공유하고 타인과 적극적으로 소통하는 인재
• 글로벌 마인드 : 타 문화의 이해와 다양성의 존중을 바탕으로 글로벌 네트워크를 활용하여 전문성을 개발하는 인재

04

정답 ④

쏘나타 : 1985년 10월 국내 최초로 크루즈 컨트롤을 장비한 고급 승용차로 출시되었고, 2023년 2월 현재까지 생산이 이어지고 있다.

오답분석
① 아반떼 : 1995년 3월 독자 개발한 수출 전략형 준중형차로 출시되었고, 2023년 2월 현재까지 생산이 이어지고 있다.
② 그랜저 : 1986년 7월 일본 미쓰비시와 공동 개발한 고급 승용차로 출시되었고, 2023년 2월 현재까지 생산이 이어지고 있다.
③ 엑센트 : 1994년 4월 모든 부품을 완전히 현대자동차의 독자 기술로 개발한 최초의 차량으로, 국내시장에서는 2019년 단종되었다.

05

정답 ①

현대자동차는 서울시·고양시·하남시·부산시 등의 국내 도시와 베이징(중국)·모스크바(러시아) 및 인도네시아 자카르타 스니얀파크(Senayan Park) 등의 해외 도시에서 현대모터스튜디오를 운영 중이다. 또한 2022년에 글로벌 메타버스 플랫폼인 '제페토'에도 현대모터스튜디오를 설치했다.

06

정답 ①

히어(H-ear)는 현대자동차(H)의 귀가 되어 고객의 소리를 듣고(Hear), 고객과 함께 자동차의 미래를 설계하기 위한 고객 소통 채널이다. 'H-ear'를 통해 차량 정보, 서비스, 트렌드에 대한 고객의 아이디어·제안을 공유하며, 설문조사와 주어진 질문을 주제로 토론할 수 있다. 이러한 과정을 통해 도출된 실행안을 현대자동차의 분야별 전문 담당자들이 검토하여 현대자동차의 각종 제품과 서비스에 반영한다.

07

정답 ③

ⓒ 아산공장에 대한 설명이다. 울산공장은 코나, 벨로스터, 투싼, 제네시스, 싼타페, 팰리세이드, 아반떼, 아이오닉, 베뉴, 아이서티(i30), 그랜드 스타렉스, 팰리세이드, 포터, 포터전기차, 투싼, 넥쏘 등 14종의 완성차와 각종 엔진, 변속기 등을 생산한다.
ⓜ 전주공장에 대한 설명이다. 전주공장에서는 카운티, 에어로타운, 그린시티, 에어로시티, 유니버스, 마이티, 메가트럭, 엑시언트, 덤프트럭 및 특장차 등의 완성차와 각종 엔진을 생산한다.

오답분석

ⓐ 현대자동차 홈페이지에 따르면 각 공장의 생산 차종(근무 인원)은 울산공장 16종(약 32,000명), 전주공장 10종(약 6,100명), 아산공장 2종(약 4,000명) 등이다.
ⓒ 현대자동차 홈페이지에 따르면 울산공장의 면적은 약 500만m^{2}로, 전주공장(약 130만m^2)과 아산공장(약 183만m^2)의 면적을 더한 것보다 넓다.
ⓔ 울산공장에는 1987년 완공되어 5만톤급 대형 선박 3척이 동시에 접안해 차량을 적재할 수 있는 전용 부두가 있다.

현대자동차 국내공장 개요

구분 (설립 연도)	공장 면적	생산 차종	근무 인원	연간 완성차 생산능력
울산공장 (1968년)	약 500만m^2	16종	약 32,000명	약 140만 대 (일평균 6,000대)
전주공장 (1995년)	약 130만m^2	10종	약 6,100명	약 103,000대
아산공장 (1996년)	약 183만m^2	2종	약 4,000명	약 30만 대

08

정답 ②

2022년 1년 동안 국내에서 싼타페는 28,705대, 팰리세이드는 49,737대, 아이오닉 5는 27,399대, 투싼은 32,890대가 판매되었다.

오답분석

① 2022년 1년 동안 국내 판매량은 68만 8,884대로 전년 대비 5.2% 감소했으나, 해외 판매량은 325만 5,695대로 전년 대비 2.9% 증가했다.
③ 2022년 1년 동안 국내에서 그랜저는 67,030대, 아이오닉 6는 11,289대, 쏘나타는 48,308대, 아반떼는 58,743대가 판매되었다.
④ 2022년 1년 동안 국내 전기차 판매량은 70,372대였는데, 이는 2021년의 42,448대와 비교해 65.8% 증가한 수치이다.

현대자동차 모델별 2022년 연간 국내 판매 실적

구분	판매량	구분	판매량
그랜저	67,030대	포터	92,411대
아이오닉 6	11,289대	스타리아	33,459대
쏘나타	48,308대	G90	23,229대
아반떼	58,743대	G80	47,154대
팰리세이드	49,737대	GV80	23,439대
싼타페	28,705대	GV70	29,497대
아이오닉 5	27,399대	GV60	5,639대
투싼	32,890대	중대형 버스+트럭	28,706대
캐스퍼	48,002대	—	

09

정답 ③

현대자동차는 울산공장에서 생산한 엑셀을 1986년 1월 미국에 처음 수출한 이후 2022년 12월까지 미국 시장 누적 판매량 1,500만 대를 기록했다. 현대자동차는 2005년 미국 남부 앨라배마주에 첫 현지 생산 공장을 완공하고, 2007년 500만 대, 2015년 1,000만 대를 기록하며 누적 판매량을 갱신하고 있다. 현대자동차의 모델 중에 미국에서 가장 많이 판매된 것은 아반떼(현지명 엘란트라)로, 1991년부터 2022년까지 누적 353만 대가 판매됐다. 그 다음으로는 쏘나타(314만 대)와 싼타페(191만 대), 엑센트(136만 대), 투싼(134만 대) 순서로 집계됐다. 한편 2022년 세계 자동차 시장 규모 순위는 1위 중국(약 2,680만 대), 2위 미국(1,370만 대), 3위 인도(425만 대)이다.

10

정답 ④

포니 쿠페는 1974년 10월 공개된 국내 최초의 콘셉트카로, 배기량 1,238cc, 최고시속 155km, 4단 수동(후륜구동)이다. 포니 쿠페를 비롯해 포니, 포니엑셀, 프레스토, 스텔라, 쏘나타 등 현대자동차 초기 모델을 디자인한 조르제토 주지아로는 2002년 자동차 명예의 전당에 오르는 등 20세기 최고의 자동차 디자이너로 평가받는다. 포니 쿠페는 쐐기 모양의 노즈와 원형의 헤드램프, 종이접기를 연상하게 하는 기하학적 선으로 전 세계 자동차 업계의 주목을 받았다. 현대자동차는 포니 쿠페 콘셉트를 원형 그대로 복원한다고 2022년 11월 밝혔다.

오답분석
① 스텔라 : 1983년 6월 출시된 승용차로, 배기량 1,439cc, 공차중량 1,105kg, 최고시속 160km, 4단 수동(후륜구동)이다.
② 그라나다 : 1978년 11월 출시된 승용차로, 배기량 1,998cc, 공차중량 1,285kg, 최고시속 167km, 4단 수동(후륜구동)이다.
③ 뉴 코티나 : 1971년 1월 출시된 승용차로, 배기량 1,598cc, 공차중량 985kg, 최고시속 160km, 4단 수동(후륜구동)이다.

01	02	03	04	05	06	07	08	09	10
①	④	①	③	④	①	②	③	②	③

01

정답 ①

갤러리족에 대한 설명이다.

[오답분석]

② 사회 활동을 하지 않는 중년의 주부들이 느끼는 공허함을 말한다.

③ 부정적인 사고방식으로 행동하는 부정 중독증이다.

④ 가정의 화목을 돈, 명예, 일보다 더 중요하게 생각하는 사람들을 가리킨다.

02

정답 ④

코로나 블루(Corona Blue)는 코로나19 사태가 장기화되면서 사람들이 자신도 언제 감염될지 모른다는 두려움을 느끼고, 무기력과 불안에 시달리는 감정을 의미한다.

[오답분석]

① 코로나19 사태로 사회의 양극화가 심해지는 현상을 의미한다.

② 코로나19(Covid)와 바보(Idiot)의 합성어로, 코로나19가 확산되는 상황에서 자가 격리 수칙을 어기거나 마스크를 착용하지 않는 행동 등으로 타인에게 해를 끼치는 사람을 의미한다.

③ 코로나(Corona)와 경제(Economy)의 합성어로, 코로나19로 인한 경제적 타격을 의미한다.

03

정답 ①

인구가 젊고 생산적인 시기는 인구보너스기, 인구고령화로 인해 인구가 경제성장에 부담으로 작용하는 시기는 인구오너스기라고 한다.

04

정답 ③

『직지심체요절』은 청주 흥덕사에서 간행되었다(1377). 현재 원본은 프랑스 파리 국립도서관에 보관되어 있다.

05

정답 ④

『동국여지승람』은 조선 성종 때 편찬된 지리지이다.

06

정답 ①

엥겔의 법칙은 소득이 증가할수록 엥겔지수, 즉 소득 대비 가계 지출 중에서 식료품의 비율이 낮아지는 현상을 말한다.

07

정답 ②

재화에 대한 수요곡선은 그 재화의 한계효용 체감곡선이다. 또한, 재화의 공급곡선은 그 재화의 생산비 곡선이다.

08

정답 ③

열섬 현상은 인구의 증가, 각종 인공 시설물의 증가, 콘크리트 피복의 증가, 자동차 통행의 증가, 인공열의 방출, 온실효과 등의 영향으로 도시 중심부의 기온이 주변 지역보다 현저하게 높게 나타나는 현상을 말한다.

09

정답 ②

미국 항공우주국(NASA)에서 발사한 우주왕복선은 컬럼비아호(우주왕복선 1호, 1981년 4월), 챌린저호(우주왕복선 2호, 1983년 4월), 디스커버리호(우주왕복선 3호, 1984년 8월), 아틀란티스호(우주왕복선 4호, 1985년 10월), 엔데버호(우주왕복선 5호, 1992년 5월)이다(괄호 안은 첫 발사 시기).

10

정답 ③

슈퍼문은 달과 지구 사이가 가장 가까워졌을 때의 크고 밝은 달이다.

[오답분석]

① 블루문은 달의 공전주기로 한 달(29.5일)에 보름달이 두 번 뜨는 경우, 두 번째로 뜬 보름달을 의미한다.
② 레드문은 지구의 그림자 속에 달이 들어가는 월식을 의미한다.
④ 마이크로문은 가장 작은 보름달(지구와의 거리 40만 6,000km)을 의미한다.

01	02	03	04	05	06	07	08	09	10
④	①	④	②	③	④	③	④	②	③

01
정답 ④

but으로 볼 때 빈칸에는 그러고 싶다는 내용이 나와야 한다.

「A : 와서 맥주 좀 마실래?
 B : 그러고는 싶지만, 지금 다른 할 일이 있거든.」

02
정답 ①

빈칸이 있는 문장은 believe의 목적어가 생략되었기 때문에 목적격 관계대명사가 들어가야 한다.

「A : 그 늙은이에 대해 어떻게 생각하니?
 B : 내가 정직하다고 믿은 그 늙은이가 나를 기만했어.」

03
정답 ④

간접의문문은 '의문사+주어+동사' 순이다.

「A : 너의 솔직한 의견을 말해줘.
 B : 그래 좋아, 그것에 대한 내 생각을 알려줄게.」

04
정답 ②

상대방의 의지를 묻는 표현은 Will you~?이며, 그 부정형은 Won't you~?로서 「~하지 않으시겠습니까?」의 뜻이 된다. Won't you가 Will you~? 보다는 더 정중한 표현이 된다.
• have dinner with~ : ~와 함께 저녁 식사를 하다.

「A : 엘리스는 오늘 그녀의 어머니를 방문할 겁니다.
 B : 그렇다면 오늘 밤 우리와 함께 저녁 식사를 하지 않으시겠습니까?」

05
정답 ③

빈칸의 질문 이후 A의 답변이 스위트 룸에 대한 특징을 설명하고 있으므로 두 방의 차이점을 묻는 내용인 '둘의 차이점은 무엇이죠?'가 빈칸에 들어가기에 적절하다.
• suite : (호텔의) 스위트 룸(연결된 몇 개의 방으로 이루어진 공간)
• in that case : 그런 경우에는[그렇다면]

「A : 로열 포인트 호텔 예약실에 전화 주셔서 감사합니다. 제 이름은 샘입니다. 무엇을 도와드릴까요?
 B : 안녕하세요, 방 하나 예약하려고 하는데요.
 A : 저희는 디럭스 룸과 럭셔리 스위트 룸 두 종류의 방을 제공하고 있습니다.
 B : 둘의 차이점은 무엇이죠?
 A : 우선, 스위트 룸은 굉장히 큽니다. 침실 이외에도 주방, 거실, 그리고 식당이 있습니다.
 B : 그 방은 비쌀 것 같아요.
 A : 네, 일박에 200불이 더 나갑니다.
 B : 그러면 저는 디럭스 룸으로 할게요.」

06

빈칸 다음에 B가 디저트의 종류가 늘어나고 샌드위치의 종류가 사라졌다고 한 말을 미루어 짐작해보았을 때, 저번 메뉴와 무슨 차이가 있냐고 묻는 ④가 가장 적절하다.

- check it out : 확인하다, 점검하다.
- caterer : 음식공급자
- catering : 음식 공급

「A : 대학교 구내식당 메뉴가 바뀌었다고 들었어.
 B : 맞아, 나도 확인했어.
 A : 그리고 식당은 새로운 음식 공급업체도 구했대.
 B : 맞아, Sam's Catering이야.
 A : <u>저번 메뉴와 다른 점이 뭐야?</u>
 B : 디저트 종류는 더 늘어났고 샌드위치 종류는 사라졌어.」

오답분석
① 네가 가장 좋아하는 디저트는 뭐야?
② 그들의 사무실이 어디 있는지 알아?
③ 메뉴에 대한 내 도움이 필요해?

07

「A : 누가 당신의 팀으로 배치되었나요?
 B : <u>제 생각에 그건 당신의 일인 것 같은데요.</u>」

오답분석
① 그건 아직 결정되지 않았어요.
② Ferry씨가 가장 유력한 후보에요.
④ 회계 부서의 Ms. Nelson이요.

08

요리 대회에서 입상했다는 A의 말에 대한 응답으로 마치 자신이 상을 탄 것처럼 얘기하는 B의 대답은 대화의 흐름상 어색하다.

- payment : 지급, 납입
- due (돈을) : 지불해야 하는
- check something in : (비행기 등을 탈 때) ~을 부치다.
- pick somebody up : ~를 (차에) 태우러 가다, 태우다.

「A : 저 요리 대회에서 상을 탔어요.
 B : 당신이 없었다면 전 그것을 못 했을 거예요.」

오답분석
①「A : 납부 기한이 언제입니까?
   B : 다음 주까지 내셔야 합니다.」
②「A : 이 짐을 부쳐야 할까요?
   B : 아니요, 비행기에 들고 탈 만큼 충분히 작습니다.」
③「A : 우리 언제 어디서 만날까요?
   B : 제가 8시 30분에 당신 사무실로 데리러 가겠습니다.」

09

정답 ②

어디로 가는지 묻는 질문에 식료품점으로 향한다고 대답한 ②의 대화가 흐름상 가장 자연스럽다.
「A : 이봐, 어디로 가는 길이야?
 B : 우리는 식료품점으로 가.」

오답분석
① 「A : 지금 몇 시인지 아세요?
   B : 죄송하지만, 저는 요즘 바빠요.」
③ 「A : 저 이것 좀 도와주시겠어요?
   B : 좋아요. 박수쳐 드리겠습니다.」
④ 「A : 제 지갑 본 사람 있어요?
   B : 오랜만입니다.」

10

정답 ③

가장 좋아하는 음식이 뭔지 묻는 질문에 바비큐 치킨이라고 대답한 ③의 대화가 흐름상 가장 자연스럽다.
「A : 너가 가장 좋아하는 음식이 뭐야?
 B : 바비큐 치킨, 엄청 좋아해!」

오답분석
① 「A : 너 어제 뭐했니?
   B : 나 슈퍼마켓 갈 거야.」
② 「A : 여름휴가 어땠나요?
   B : 천만에요.」
④ 「A : 지하철역에 어떻게 갈 수 있나요?
   B : 11시요.」

제2회 실전모의고사

01 자동차구조학

01	02	03	04	05	06	07	08	09	10	11	12	13	14	15	16	17	18	19	20
④	①	③	③	②	③	④	③	①	④	③	③	②	②	③	①	②	③	①	①
21	22	23	24	25	26	27	28	29	30	31	32	33	34	35	36	37	38	39	40
②	①	④	③	③	④	④	④	③	③	②	①	①	③	②	①	②	①	③	③

01
정답 ④

$$(\text{코어 막힘률})=\frac{(\text{신품용량})-(\text{구품용량})}{(\text{신품용량})}\times100\%=\frac{3-2.4}{3}\times100=20\%$$

02
정답 ①

LPG 엔진에서 냉각수의 온도가 낮을 때 기상밸브를 통하여 기체상태의 LPG를 연소실로 유입하여 시동성을 향상시킨다.

03
정답 ③

$$[\text{압축비}(\varepsilon)]=\frac{(\text{연소실체적})+(\text{행정체적})}{(\text{연소실체적})}\text{이므로}\ \frac{47.1+376.8}{47.1}=9$$

따라서 압축비는 9이다.

04
정답 ③

윤활유의 발화점 및 인화점이 낮으면 쉽게 점화하여 연소되므로 발화점 및 인화점이 높아야 한다.

윤활유의 구비조건
- 온도에 따른 점성의 변화가 적을 것
- 인화점이 높을 것
- 발화점이 높을 것
- 강인한 유막을 형성할 것
- 응고점이 낮을 것
- 비중 및 점도가 적당할 것
- 카본 형성에 대한 저항력이 클 것
- 열과 산에 대하여 안정성이 있을 것

05

정답 ②

전자제어 가솔린 분사장치에는 벤투리가 없기 때문에 공기 유동저항이 감소하므로 충진 효율이 향상된다.

06

정답 ③

가솔린 연료의 자연발화점(착화점)은 경유에 비해 높다.

07

정답 ④

마스터 실린더의 리턴 구멍이 막히면 브레이크 작동 후 해제가 잘 되지 않지만 편제동의 원인으로 볼 수는 없다.

08

정답 ③

연료라인의 체크 밸브는 연료의 잔압을 유지시켜 베이퍼 록 현상을 방지하고 재시동성을 용이하게 한다.

09

정답 ①

스태빌라이저는 차체의 좌우 진동(롤링)을 감소시키는 부품이다.

10

정답 ④

각속도 센서는 조향 휠의 회전각도와 속도를 계측하는 센서로 전자제어 현가장치 및 자세제어 시스템에 적용된다.

11

정답 ③

유압식 제동장치에서 후륜측 제동력을 감소시켜 스핀을 방지하기 위해 사용되는 밸브는 프로포셔닝 밸브이다.

12

정답 ③

얼라인먼트 요소 측정 시 공차상태에서 측정한다.

13

정답 ②

LPG 엔진에서 LPG 연료는 베이퍼라이저에서 기화하여 믹서에서 공기와 혼합하기 때문에 증기 폐쇄 현상과 직접적 관련이 없다.

14

정답 ②

대시포트는 스로틀밸브 쪽에 연결되어 가속 페달을 놓았을 때 다이어프램 뒤쪽에 작용하는 공기에 의해 스로틀 밸브가 급격히 닫히는 것을 방지하는 장치이다.

15

정답 ③

언더 스퀘어 엔진은 행정보다 내경이 작은 엔진을 말한다.

16

정답 ①

지르코니아 산소센서는 대기 중 산소농도와 배기가스 중의 산소 농도 차이에 의해 기전력을 이용한 센서로 농도 차이에 의한 기전력을 ECU로 전송한다.

17

정답 ②

킥 다운은 자동변속기 차량에서 일정한 속도로 달리는 중 가속 페달을 힘껏 밟아 기어를 한 단 밑으로 내려 구동력을 확보하는 것을 말한다.

오답분석

① 스톨 : 자동차 엔진이 의도와 상관없이 갑자기 정지하는 현상
③ 킥 업 : 차체의 무게중심을 낮게 하기 위해 바닥을 낮출 때, 프레임을 차축에 있는 곳에서 굽히는 부분
④ 리프트 풋 업 : 스로틀 개도를 많이 열어 놓고 주행 중 갑자기 스로틀 개도를 낮추면 업 시프트를 지나 증속되는 것

18

정답 ③

타이어의 발열량에 영향을 미치는 요인은 장거리 주행, 타이어 공기압 저하, 하중 증가, 속도 증가 등이 있다.

19

정답 ①

제동 배력 장치에서 브레이크를 밟았을 때 하이드로백 내 진공 밸브는 닫히고 공기 밸브는 열려 마스터 실린더의 피스톤을 강하게 압착시켜 강한 제동력을 발생시킨다.

20

정답 ①

크랭크 각(Crank Angle)센서는 엔진 회전수 및 크랭크 축의 위치를 검출하고 기본 연료 분사량 결정에 중요한 신호를 송출한다.

21

정답 ②

가솔린 기관의 연소 속도
• 대기압 하에서의 연소 속도 : $2 \sim 3\text{m/sec}$
• 실린더 내에서의 연소 속도 : $20 \sim 30\text{m/sec}$
• 노크가 발생할 때의 연소 속도 : $300 \sim 2,500\text{m/sec}$

22

정답 ①

(압력) $=\dfrac{(\text{작용하는 힘})}{(\text{면적})}$ 이므로 $\dfrac{100}{\dfrac{\pi \times 2^2}{4}} \fallingdotseq 31.84\text{kg}_f/\text{cm}^2$ 이다.

23

정답 ④

옆방향 판 스프링 형식은 일체 차축식 현가장치의 형식 중 하나이다.

24

정답 ③

유압식 제동장치에서 브레이크 라인 내에 잔압을 두는 목적은 베이퍼 록의 방지와 브레이크 작동시간을 신속하게 하기 위함이다. 페이드 현상은 브레이크 패드와 디스크에서 발생한 열로 인해 패드 면이 경화되는 것으로 제동 시 디스크와 패드의 슬립이 발생한다.

25

정리드는 분사초기에는 일정하고 분사 끝이 변하는 리드형식이다.

[오답분석]

① 양리드 : 분사초기와 끝 모두 변하는 리드형식
④ 역리드 : 분사초기에는 변하고 분사 끝이 일정한 리드형식

26

흡기온도센서는 부특성 서미스터(NTC)를 적용하며 흡기온도가 낮으면 저항값이 커지고, 흡기온도가 높으면 저항값은 작아지는 특성이 있다. 흡기온도센서는 연료의 보정량 신호로 사용된다.

27

흡기다기관 진공도 시험으로 밸브의 작동상태, 밀착 상태, 점화시기의 문제 등을 알아낼 수 있으나 연소실의 카본누적은 알 수 없다.

28

십자형 자재이음은 십자 축과 두 개의 요크로 구성되어 각도의 변화를 줄 수 있게 하며 주로 후륜 구동식 자동차 추진축에 사용된다. 자재이음의 종류이며 슬립이음은 별도로 설치한다.

29

타이어 호칭에서 시리즈는 편평비를 나타낸다. 편평비는 타이어의 단면 폭에 대한 높이의 비율을 말한다.

30

상시 물림식은 주축기어와 부축기어가 항상 맞물려 공전하면서 클러치 기어를 이용하여 축상과 고정시키는 변속기 형식이다.

31

전자제어 제동장치(ABS)의 적용 목적은 휠의 록(잠김) 현상을 방지하여 제동거리 단축, 조향 및 조종성을 확보하고 차량의 스핀을 방지하는 것이다.

32

차속 센서는 변속기 출력축에 설치되어 차량 속도를 측정하는 센서이다.

33

전자제어 점화장치에서 점화시기를 제어하는 순서는 각종 센서 – ECU – 파워 트랜지스터 – 점화코일 순이다.

34

정특성 서미스터(PTC)는 온도 증가에 따라 저항값이 증가하는 성질을 갖고 있다.

35

정답 ②

점화 키 홀 조명은 편의시스템으로서 이그니션 키 주변에 일정시간 동안 램프가 점등하여 키 홀을 쉽게 찾을 수 있도록 제어하는 편의 장치이다.

36

정답 ①

전력 $P(\mathrm{W})=EI=I^2$ 이고, $R=\dfrac{E^2}{R}$ 이므로 $\dfrac{12^2}{R}=30 \rightarrow R\mathrm{t}=4.8\Omega$

37

정답 ②

자동차용 배터리의 급속 충전 시 수소 및 산소가스가 다량 발생하므로 환기가 잘되는 곳에서 급속 충전을 한다.

38

정답 ①

직류발전기는 배터리에서 발전기로 전류가 역류하는 것을 방지하기 위해 컷아웃 릴레이를 장착하나 교류발전기에서는 이 역할을 다이오드가 대신한다.

39

정답 ③

• 실린더 헤드를 풀 때 : 바깥에서 중앙으로 대각선 방향으로
• 실린더 헤드를 조일 때 : 중앙에서 바깥으로 대각선 방향으로

40

정답 ③

회전수와 토크를 이용하여 제동마력을 산출하는 식은 $PS=\dfrac{T\times N}{716}$ 이다.

따라서 $200PS=\dfrac{71.6\times N}{716}$ 이므로, $N=\dfrac{716\times 200}{71.6} \rightarrow N=2,000\mathrm{rpm}$ 이다.

01	02	03	04	05	06	07	08	09	10
②	④	②	①	③	③	①	②	④	④

01
정답 ②

현대자동차는 공유가치 창출(CSV; Creating Shared Value)을 통해 사회 임팩트를 확산하고, 지속 가능한 기업 생태계를 구축하기 위해 현대자동차가 추구하는 지속 가능한 미래를 향한 의지를 담아 2022년 1월 'Hyundai Continue' 이니셔티브를 시작했다. '하나로 이어진 우리, 연결을 시작하다'는 공약(公約) 아래 전개되는 Hyundai Continue는 지구와 사람의 공존을 위한 노력, 자유로운 이동과 연결을 위한 노력, 미래 세대의 희망을 위한 노력으로 이루어져 있다.

02
정답 ④

현대자동차는 미래 세대가 내일을 꿈꾸고 무엇이든 도전할 수 있도록 아동, 청소년, 청년을 위한 다양한 희망 지원 활동들을 사업장이 위치한 글로벌 지역사회 곳곳에서 펼치고 있다. 이러한 활동 가운데 하나인 'Hope on Wheels'는 미국의 소아암 연구를 지원하는 캠페인으로, 1998년 이어져오고 있다. 2021년 말 누적 기부금은 총 1억 8,500만 달러에 달한다.

오답분석

① '비전 드라이브'는 현대자동차 남양연구소에서 펼치고 있는 활동으로, 임직원 강연 기부 비전 멘토링과 명사 초청 강연 비전 페스티벌로 구성된다. 비전 멘토링은 현대자동차 임직원이 학교를 방문해 자동차의 역사와 기술, 미래 모빌리티 등에 대한 이해를 통해 학생들에게 자동차 산업의 진로 탐색 기회를 제공하는 활동이다. 비전 페스티벌은 다양한 분야의 명사를 초청해 명사와 대담하는 기회를 제공함과 동시에 다양한 분야의 진로 강연을 들을 수 있는 프로그램이다.
② 'Hyundai Help for Kids'는 호주의 어린이들과 가족에게 도움을 주는 활동이다. 생활에 필수적인 자금 지원뿐만 아니라 차량을 보조하고 교육을 제공하는 등 다양한 활동을 진행하고 있다. 2014년부터 2020년까지 모금된 기부금은 1,000만 달러를 넘었다.
③ 'Safe Road Traffic Project'는 러시아 연방 교통경찰과 교육부와 협업해 2017년부터 펼치고 있는 어린이 교통안전 교육이다. 어린이는 물론 부모와 어린이집, 교사 등도 교육 대상이며, 온라인 게임 시뮬레이터 프로그램을 론칭함으로써 비대면으로도 교육 활동을 벌이고 있다.

03
정답 ②

⊙ 대기관리 권역에 3년 이상 연속하여 등록된 경유 차량이어야 한다.
ⓒ 명의이전 등록하고 6개월 이후가 되어야 접수가 가능하다.
ⓒ 차령이 7년 이상 경과된 차량이라야 조기 폐차가 가능하다.

04
정답 ①

LCA(전과정 평가)는 'Life Cycle Assessment'의 약어로, 제품의 제조 공정 및 서비스가 생산되어 폐기되기까지의 모든 과정이 환경에 미치는 영향에 대해 평가하는 기법을 말한다. 원료의 채취 → 가공·조립·제조 → 수송·유통 → 사용 → 폐기·재활용에 이르는 제품의 라이프 사이클을 통한 모든 영향, 환경 부하 등을 분석·평가하는 것으로, 제품이 환경에 끼치는 악영향을 저감하거나 개선하고자 한다. 국제규격(ISO 14040 및 14044)에 LCA 가이드라인이 제시되어 있다.

오답분석

② AAM(미래 항공 모빌리티)은 'Advanced Air Mobility'의 약어로, 항공 서비스가 부족하거나 항공 서비스를 받지 못하는 지역 사이에 사람·화물을 옮길 수 있는 항공 운송 체계를 가리킨다. 예컨대 수직 이착륙이 가능한 전동 무인 드론을 활용하면 교통 혼잡의 해소, 도서·산간 접근성 개선 등은 물론 환경 오염, 소음 공해 등 문제를 해결할 것으로 기대된다. 한편 현대자동차는 2022년 1월 AAM본부를 설치했으며, AAM 연구소 착공을 위한 작업에 나서는 등 국내 항공 모빌리티 산업의 기초를 다지고 있다.

③ SOEC(고체 산화물 전해조 전지)는 'Solid Oxide Electrolysis Cell'의 약어로, 이산화탄소 배출 없이 물에서 그린수소를 생산하는 기술이다. 저비용으로 수소를 생산할 수 있는 차세대 기술로 주목을 받고 있다. 그린수소는 재생에너지에서 나온 전기로 물을 산소와 수소로 분해해 생산하는 수전해수소를 말한다.

④ E-GMP는 'Electric-Global Modular Platform'의 약어로, 현대자동차에서 개발한 차세대 전기차 전용 플랫폼이다. E-GMP는 확장 가능한 휠베이스를 통해 다양한 유형의 차량을 구성할 수 있도록 모듈화·표준화된 통합 플랫폼으로, 더 긴 거리 주행을 가능하게 하고, 충전 시간을 한층 단축할 수 있다. 또한 바닥을 평평하게 만들 수 있고 엔진과 변속기, 연료탱크 등이 차지하던 공간이 사라져 내부 공간을 더욱 여유롭게 활용할 수 있다.

05
정답 ③

'NEXO'는 고대 게르만어로는 '물의 정령'을, 라틴어·스페인어로는 '결합·연계'를 뜻한다. 현대자동차 측은 'NEXO'가 "산소와 수소의 '결합'으로 오직 에너지와 '물'만 발생하는 궁극의 친환경차의 특성을 정확히 표현한다"고 설명했다.

[오답분석]

① 'IONIQ'은 전기의 힘으로 에너지를 만들어내는 '이온(Ion)'과 현대자동차의 독창성을 뜻하는 '유니크(Unique)'를 조합한 명칭이다.

② 'VENUE'는 영어로 콘서트·스포츠경기·회담 등의 장소, 즉 특별한 일이나 활동을 위한 장소를 의미한다. 이는 차량의 실내 공간은 물론 운전자가 차량과 함께 도달하고 싶은 장소, 또는 인생에서 도달하고 싶은 장소·목표·지향점 등 다양한 의미로 해석된다.

④ 'CASPER'는 스케이트보드를 뒤집어 착지하는 기술을 뜻하며, 새로운 차급, 기존 자동차의 고정관념을 뒤집으려는 의지를 표현한 명칭이다.

06
정답 ③

포터 2(디젤) - 2,497cc

[오답분석]

① 투싼(디젤) - 2,151cc
② 싼타페(디젤) - 2,151cc
④ 팰리세이드(디젤) - 2,199cc

07
정답 ①

그린존(Green Zone)은 현대자동차는 2008년 ~ 2013년에 내몽골 아빠까치 차칸노르 지역에서 현대 그린존 1차 사업을 진행하였으며, 2014년 ~ 2020년 진행한 2차 사업에서는 정란치 보샤오떼노르 및 하기노르 지역을 초지로 조성하고, 현지 정부에 사막화 방지 생태복원 기술을 이전했다. 현대 그린존 프로젝트에는 현대자동차 임직원, 대학생 봉사단이 지속적으로 참여하고 있다. 이러한 중국 사회에 대한 기여를 인정받아 현대자동차는 중국 사회과학원 CSR 연구센터의 '2021 기업사회책임 발전지수 평가'에서 6년 연속으로 자동차 기업 부문 1위에 선정되었다.

[오답분석]

② 그린워싱(Green Washing) : 'Green'과 'White Washing(세탁)'의 합성어로, 실제로는 환경에 해롭지만 마치 친환경적인 것처럼 광고하는 것을 말한다. 기업들이 자사의 상품을 환경 보호에 도움이 되는 것처럼 홍보하는 '위장환경주의'를 뜻하기도 한다. 기업이 상품을 생산하는 과정에서 일어나는 환경오염 문제는 축소시키고 재활용 등의 일부 과정만을 부각시켜 마치 친환경인 것처럼 포장하는 것이 이에 해당한다.

③ 그린뮤팅(Green Muting) : 그린워싱과 반대로 기업이 그린워싱으로 오해받는 리스크를 우려해 환경 보호·개선 노력과 성과에 대해 정보 공개나 주장을 거의 하지 않는 행위를 뜻한다.

④ 그린카본(Green Carbon) : 자연에 존재하는 탄소는 그것이 포함된 환경에 따라 그린카본, 블루카본, 블랙카본 등으로 분류된다. 그린카본은 열대우림 등의 삼림과 같은 육상 생태계가 흡수하는 탄소, 즉 식물의 광합성에 이용되는 탄소를 의미한다. 블루카본은 바닷가에 서식하는 동식물과 퇴적물 등 해양 생태계가 흡수하는 탄소를 가리킨다. 그린카본과 블루카본은 지구온난화를 해소하는 수단이 될 수 있다. 블랙카본은 화석연료나 나무 등이 불완전 연소하면서 발생하는 탄소를 가리키며, 지구온난화를 부채질할 수 있다.

08

정답 ②

해피무브(Happy Move)는 현대자동차그룹이 운영하는 '해피무브 글로벌 청년봉사단'은 연간 약 1,000명의 대한민국 청년을 선발해 방학기간을 이용해 해외 각국으로 파견하며, 이들은 건축, 환경, 교육, 문화 등 다양한 분야에서 봉사활동을 펼친다. 단발성 파견의 한계를 넘어서고자 개발도상국 내 저개발지역 가운데 3년 이상 봉사단을 파견할 마을을 선정하며, 단원들이 현지의 주민 대학생들과 함께 워크숍 등을 통해 마을의 문제를 개선할 수 있는 아이디어를 제안하며, 현지 주민의 실질적 자립에 기여한다.

오답분석

① 해피콜(Happy Call) : 고객과의 원만한 관계를 형성하고 이를 통해 간접적으로 판매 활동을 촉진하기 위한 마케팅 전략을 가리킨다. 애프터서비스를 비롯해 고객의 기념일에 선물을 보낸다거나 우수 제안을 한 고객에게 사은품을 제공하는 것 등이 있다.

③ 해피아워(Happy Hour) : 호텔의 식음료 매장에서 하루 중 손님이 드문 시간대를 이용하여 저렴한 가격이나 무료로 음료 및 간단한 식사나 간식거리 따위를 제공하는 서비스를 뜻한다.

④ 해피 바이러스(Happy Virus) : 한 사람 또는 일부의 말이나 행복을 통해 다른 사람이 행복을 느끼고, 그러한 분위기가 널리 퍼지는 현상을 뜻한다.

09

정답 ④

현대자동차 해외 생산공장 현황(완공 연도순)

- 튀르키예 이즈미트 공장 : 1997년 완공
- 인도 첸나이 공장 : 1998년 완공
- 중국 베이징 1공장 : 2002년 완공
- 미국 앨라배마주 공장 : 2005년 완공
- 체코 노쇼비체 공장 : 2007년 완공
- 중국 베이징 2공장 : 2008년 완공
- 러시아 상트페테르부르크 공장 : 2010년 완공
- 브라질 상파울루 공장 : 2012년 완공
- 중국 창저우 공장 : 2016년 완공
- 중국 충칭 공장 : 2017년 완공

10

정답 ④

현대자동차 단계별 드라이빙 익스피리언스 프로그램

구분	교육 시간	교육 차량	교육 내용	교육 코스
Level 1	120분	아반떼 N Line	이론 교육 및 주행 실습	다목적 주행 코스 제동 코스 마른 노면 서킷 B코스
Level 2	190분	아반떼 N DCT 벨로스터 N DCT		다목적 주행 코스 킥 플레이트 코스 마른 노면 서킷 A코스
Level 3	250분	아반떼 N DCT 벨로스터 N DCT		다목적 주행 코스 킥 플레이트 코스 젖은 노면 서킷 마른 노면 서킷 Full 코스

01	02	03	04	05	06	07	08	09	10
②	③	①	③	②	③	③	③	①	③

01

정답 ②

65세 이상의 인구가 총인구에서 차지하는 비율이 7% 이상일 때 고령화사회, 14% 이상일 때 고령사회라고 하고, 20% 이상을 후기고령사회 혹은 초고령사회라고 한다.

02

정답 ③

휘슬블로어(Whistle-blower)는 부정행위를 봐주지 않고 호루라기를 불어 지적한다는 것에서 유래한 것으로, '내부고발자'를 의미한다. 우리나라는 휘슬블로어를 보호하기 위한 법률로 2011년 공익신고자보호법을 제정하였다.

03

정답 ①

전가의 보도는 원래 집안 대대로 내려오는 보검을 뜻하는 말로, 전가지보(傳家之寶) 또는 더 줄여서 가보(家寶)로 사용되는 말이다. 요즘에는 부정적인 뜻으로 상투적인 해결책, 핑계거리 등 다양한 의미로 사용된다.

04

정답 ③

흥선대원군이 철폐한 것은 향교가 아니라 서원이다.

05

정답 ②

임시정부의 초대 대통령은 이승만, 국무총리는 이동휘였다.

[오답분석]
③ 연통제는 임시정부의 운영비를 조달하려는 데 일차적 목적이 있었으며, 1921년에 발각되어 전면적으로 무너졌다.

06

정답 ③

생산가능곡선은 주어진 요소가 모두 가동되고 있음을 전제하고 있으므로 완전고용이 전제되어 있다. 따라서 실업의 감소와는 관련이 없다.

07

정답 ③

범위의 경제란 결합생산의 이점으로 두 재화를 동시에 생산할 경우 비용이 더 적게 드는 경우를 의미한다. 따라서 유사한 생산기술이 여러 생산물에 적용될 때 발생할 가능성이 높다.

08

정답 ③

줄기세포(Stem Cell)는 어떤 조직으로든 발달할 수 있는 세포를 의미하며, 주로 초기 분열단계의 배아로부터 채취되어 간세포(幹細胞), 모세포(母細胞)라고도 한다. 종류에는 배아줄기세포와 성체줄기세포가 있는데, 배아줄기세포는 모든 세포로 분화할 수 있다는 특징이 있고, 성체줄기세포는 특정 세포로만 분화한다는 특징이 있다.

09

정답 ①

셰일가스(Shale Gas)는 탄화수소가 풍부한 셰일층(근원암)에서 개발, 생산하는 천연가스를 말한다. 셰일이란 우리말로 혈암(頁岩)이라고 하며, 입자 크기가 작은, 진흙이 뭉쳐져서 형성된 퇴적암의 일종으로, 셰일가스는 이 혈암에서 추출되는 가스를 말한다. 전통적인 가스전과는 다른 암반층으로부터 채취하기 때문에 비전통 천연가스로 불린다.

10

정답 ③

크리스퍼 가위는 인간을 포함한 동물이나 식물의 세포에서 특정 유전자만 골라 잘라내는 3세대 유전자 편집 기술이다.

01	02	03	04	05	06	07	08	09	10
②	④	③	②	①	③	④	②	④	④

01

정답 ②

「A : 오늘 점심을 뭘 먹어야 할지 모르겠네.
B : 나는 점심으로 햄버거나 파스타를 먹으러 갈 건데, 넌 뭐가 더 좋을 것 같아?
A : <u>햄버거가 좋아 보이네. 잘하는 곳을 알아?</u>
B : 따라와, 내가 좋은 곳을 알고 있어.」

[오답분석]
① 배가 고파서 더는 움직일 수 없어.
③ 거기 돈가스 잘해?
④ 괜찮아, 나 배불러.

02

정답 ④

「A : 매니저님, 제가 두통이 있어서요. 오늘 하루 쉴 수 있을까요?
B : 내가 볼 땐 괜찮아 보이는데, 일이나 하러 돌아가게.
A : <u>진심이에요 매니저님. 저 지금 정말 아파요.</u>
B : 내 인내심을 시험하지 말게.」

[오답분석]
① 감사합니다. 내일 뵙겠습니다.
② 내일 병원에 갈 예정입니다.
③ 복통 때문에 제 업무에 집중할 수가 없습니다.

03

정답 ③

「A : 너 피곤해 보인다. 어젯밤에 잠 못 잤어?
B : 응, 보고서를 작성하느라 잠을 못 잤어.
A : <u>저런, 보고서는 다 끝냈어?</u>
B : 아니, 내 생각엔 오늘 밤도 새야 할 것 같아.」

[오답분석]
① 재미있었겠다. 오늘도 할 거야?
② 왜 더 일찍 시작하지 않았어?
④ 어제 몇 시에 잤어?

04

정답 ②

「A : 내일 프랑스로 여행을 떠날 예정이야.
B : 와! 좋겠다. 어디를 둘러볼 거야?
A : <u>나는 루브르 박물관을 방문할 예정이야.</u>
B : 갔다 와서 어땠는지 이야기 해줘.」

나는 작년에 갔었어.
③ 나는 다음 달 비행기 표를 예약했어.
④ 이번이 두 번째 방문이야.

05

「A : 뭔가 잘못됐어.
B : 무슨 일이야?
A : 자동차 시동을 거니까 이상한 소리가 나.
B : <u>정비소에 가보는 것이 좋겠다.</u>」

오답분석
② 내일 학교까지 태워줘.
③ 어제 자정에 집에 도착했어.
④ 차타고 20분 걸려.

06

A는 배송지의 주소를 물어 보았지만, 3월 2일까지 배송해 달라는 B의 대답은 대화의 흐름상 어색하다.
「A : 배송지 주소는 어디인가요?
B : 3월 2일까지 배송해 주세요.」

오답분석
①「A : 내 부탁 좀 들어줄래?
　　B : 물론이지, 뭔데?」
②「A : 언제 영화가 시작해?
　　B : 2시에 시작이야.」
④「A : 점심 먹었어?
　　B : 방금 샌드위치를 좀 먹었어.」

07

A는 서울행 기차를 타는 장소를 물어 보았지만, 출발 예정시각을 말한 B의 대답은 대화의 흐름상 어색하다.
「A : 서울로 가는 기차는 어디서 타야 하나요?
B : 당신의 기차는 정오에 출발할 것입니다.」

오답분석
①「A : 휴일에 무슨 계획 있어?
　　B : 나는 휴일 동안 친구들과 여행을 갈 거야.」
②「A : 이메일을 확인해 주세요.
　　B : 확인해 봤는데 새로운 메일은 없었어.」
③「A : 근무시간에 어디에 있었어?
　　B : 두통이 있어서 약국에 갔다 왔어.」

08

어제 무엇을 했냐는 A의 말에 대한 응답으로 지금 매우 춥다는 B의 대답은 흐름상 어색하다.
「A : 어제 어떤 일을 하셨나요?
B : 매우 춥네요.」

① 「A : 톰은 지금 어디에 있습니까?
　B : 지금 집에 있습니다.」
③ 「A : 뭐 좀 마시겠습니까?
　B : 오, 감사합니다. 콜라로 주세요.」
④ 「A : 오늘 비가 옵니다.
　B : 여기 우산 챙겨가세요.」

09

책의 가격이 5만 원이라는 A의 대한 응답으로 같이 쉬자는 B의 대답은 흐름상 어색하다.
• maybe : 아마도
• airport line : 항공편
• cancel : 취소하다.
• because of : ~ 때문에
• ladder : 사다리
• Why don't you : ~하는 게 어때?
「A : 5만 원입니다.
　B : 같이 쉴까요?」

① 「A : 우체국은 여기서 얼마나 멀리 있습니까?
　B : 아마 여기서 10km 정도 됩니다.」
② 「A : 이 세미나가 취소된 이유는 무엇입니까?
　B : 눈이 많이 내려서 모든 항공편이 취소되었습니다.」
③ 「A : 저 포도는 너무 높이 있습니다.
　B : 아무 사다리나 같이 찾아봅시다.」

10

같이 밥을 먹자는 A의 대한 응답으로 선글라스가 멋지다는 B의 대답은 흐름상 어색하다.
• assignment : 과제
• hand out : 나눠주다.
• medicine : 약
• already : 벌써
「A : 같이 뭐 좀 먹을까요?
　B : 그 선글라스는 매우 멋집니다.」

① 「A : 과제는 언제 끝나요?
　B : 2일 뒤에 끝납니다.」
② 「A : 사라는 매우 아파 보입니다.
　B : 여기 약 좀 전달해주세요.」
③ 「A : 너무 늦었네요. 벌써 10시입니다.
　B : 이제 자야겠네요. 안녕히 주무세요.」

01 자동차구조학

01	02	03	04	05	06	07	08	09	10	11	12	13	14	15	16	17	18	19	20
③	①	①	②	①	③	①	③	②	①	②	③	③	①	③	④	②	②	②	④
21	22	23	24	25	26	27	28	29	30	31	32	33	34	35	36	37	38	39	40
①	④	②	④	②	②	③	④	③	③	③	①	①	③	④	④	②	①	④	①

01
정답 ③

기관에서 밸브의 밀착이 불량하면 기관의 출력저하, 공전 부조, 가속저하 등의 영향이 나타날 수 있다.

02
정답 ①

삼원 촉매 컨버터 장착차량의 2차 공기공급 목적은 산화 작용 시 부족한 산소량을 보충하여 배기 매니폴드 내 HC와 CO의 산화를 돕기 위함이다.

03
정답 ①

가변흡기 시스템(VIS)은 공기 흡입 통로를 저속 시에는 가늘고 길게, 고속 시에는 굵고 짧게 하여 충진 효율을 개선시키는 장치이다.

04
정답 ②

LPG의 옥탄가는 가솔린보다 약 10% 정도 높으므로 LPG 엔진의 점화 시기는 가솔린보다 빨라야 열효율을 최대로 얻을 수 있다.

05
정답 ①

전자제어 자동변속기 차량에서 스로틀 포지션 센서(TPS; Throttle Position Sensor)는 킥 다운 신호로 사용된다.

06
정답 ③

페일 세이프 기능은 전자제어 제동장치(ABS; Anti-lock Brake System)에서 고장 발생 시 전원공급 릴레이 "OFF"함과 동시에 제어 출력신호를 정지하여 일반 유압식 브레이크로 작동할 수 있도록 제어하는 기능이다.

07

정답 ①

자동변속기 차량은 P, N단 변속레버에서 시동이 걸리도록 한다.

08

정답 ③

슬립조인트는 축의 길이변화에 대한 보상을 위해 장착하며, 자재이음은 각도변화를 주기 위해 적용된다.

09

정답 ②

(총 감속비)＝(변속비)×(종감속비)이고 [액슬축(바퀴)의 회전수]＝[엔진(rpm)]/(총 감속비)이므로
4,800/4.8＝1,000rpm이다.

10

정답 ①

(옥탄가)＝$\dfrac{(이소옥탄)}{(이소옥탄)＋(노멀헵탄)}$×100이므로 $\dfrac{80}{80＋20}$×100＝80%

11

정답 ②

행정은 원 내부에서 시계방향으로 배치하고 점화순서는 원 밖에서 반시계방향으로 배치한다. 1번 실린더가 흡입행정이므로 흡입행정 위에 1번 실린더를 적고 점화 순서대로 1 − 3 − 4 − 2 반시계방향으로 배치하면 4번 실린더는 폭발(동력)행정을 시행한다.

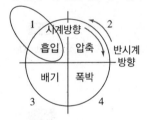

12

정답 ③

조향장치는 조향휠의 회전과 구동휠의 선회차가 크면 조향이 어렵다.

13

정답 ③

디젤 기관용 연료는 발화성(착화성)이 우수해야 하나 인화성이 좋아서는 안 된다.

14

정답 ①

K−제트로닉은 공기유량을 기계적 변위로 변환하여 연료가 인젝터에서 연속적으로 분사되는 기계식 분사시스템이다.

15

정답 ③

제동 시 휠의 록 현상을 방지하여 안정성을 증대시키는 것은 전자제어 제동시스템이다.

16

[오답분석]
① 코너링 포스 현상 : 자동차 선회 중 자동차의 무게 중심에 원심력이 작용하여 자동차가 바깥쪽으로 음직이려는 현상
② 언더 스티어 현상 : 일정한 조향 각도로 회전해도 자동차의 선회 반지름이 커지는 현상

17

조향핸들의 유격은 핸들이 움직여도 실제 바퀴가 조향되지 않는 영역을 말하며 볼 이음의 마멸, 조향너클의 유격과대, 앞바퀴 베어링의 마멸 등의 이유로 유격이 증가할 수 있다. 타이로드가 휘는 것은 유격증가와 연관성이 없다.

18

리미팅 밸브는 오일의 압력으로 작용되어 출구의 압력상승을 제어함으로써 항상 압력을 일정하게 유지하는 밸브로서 차량의 쏠림 등을 방지한다.

19

커먼레일 엔진의 연료장치
연료탱크의 연료는 연료필터를 거쳐 수분이나 이물질이 제거된 후 저압펌프를 통해 고압펌프로 이동한다. 고압펌프는 높은 압력으로 연료를 커먼레일로 밀어 넣는다. 이 커먼레일에 있던 연료는 각 인젝터에서 ECU의 제어 아래 실린더로 분사되는 것이다. ①은 전기식 연료펌프의 연료공급 경로이다.

20

디젤 기관에는 연료 탱크 주입구, 연료 공급펌프의 입구 쪽, 연료 여과기, 분사 노즐의 입구 커넥터 등 4개소에 여과장치가 설치되어 있다.

21

디젤연료의 발화촉진제는 질산에틸, 초산에틸, 아초산에틸, 초산아밀, 아초산아밀 등의 NO_2 또는 NO_3 기의 화합물을 사용한다.

22

냉각수 온도 센서 고장과 무관하다.

23

$$\eta_e = \frac{PS \times 632.3}{be \times H_l} \times 100$$

η_e : 열효율(%)
PS : 마력($kg_f \cdot m/s$)
be : 연료소비율(kg_f/PSh)
H_l : 연료의 저위발열량(kcal/kg_f)

$$26.2\% = \frac{632.3}{x \times 10,250} \times 100$$

$\therefore x \fallingdotseq 235g_f$/PSh

24

정답 ④

라디에이터(방열기)의 코어 튜브가 파열되는 때는 오버플로 파이프가 막혔을 때다. 코어 안쪽이 막혀서 오버플로 파이프로 냉각수가 흐르게 되는데, 이 오버플로 파이프가 막히면 라디에이터 내의 압력이 상승하기 때문이다.

25

정답 ②

트랜스퍼 케이스(Transfer Case)는 주 변속기 뒤에 설치되는 보조 변속기이며, 엔진 동력을 나누어 앞뒤 구동 액슬에 전달한다.

26

정답 ②

스티어링 기어박스의 과다한 백래시로 인하여 바퀴가 좌우로 흔들리게 되면 핸들이 떨게 된다.

핸들(스티어링 휠)이 무거운 경우
- 타이어 공기압이 너무 적거나 규격에 맞지 않는 광폭타이어를 장착한 경우
- 파워핸들 오일이 부족한 경우
- 파워핸들 기어박스 불량으로 오일순환이 제대로 되지 않을 경우
- 현가장치나 조향장치의 관련부품이 충격을 받아 휠 얼라인먼트에 변형이 생길 경우
- 조향장치의 전자제어가 불량한 경우
- 스티어링 내에 공기가 유입된 경우

27

정답 ③

타이어 공기압이 불균형한 경우 타이어 공기압이 낮은 쪽이 지면과의 마찰면적이 넓기 때문에 제동력이 커져 차체가 타이어 공기압이 낮은 쪽으로 쏠리게 된다.

28

정답 ④

제동력이 부족 현상의 원인이다.

29

정답 ③

액슬 샤프트 지지 형식에 따른 분류
- 반부동식 : 차축에서 1/2, 하우징이 1/2 정도의 하중을 지지하는 형식
- 전부동식 : 자동차의 모든 중량을 액슬 하우징에서 지지하고 차축은 동력만을 전달하는 방식
- 분리식 차축 : 승용차량의 후륜 구동차나 전륜 구동차에 사용되며 동력을 전달하는 차축과 자동차 중량을 지지하는 액슬 하우징을 별도로 조립한 방식
- 3/4부동식 : 차축은 동력을 전달하면서 하중은 1/4 정도만 지지하는 형식

30

정답 ③

디젤엔진에서의 전자제어식 고압펌프는 기존 분사펌프식과는 달리 별도의 부가장치가 필요없다.

31

정답 ③

스로틀 포지션 센서(TPS)가 검출하는 전압의 범위는 약 0.5 ~ 5V이다.

32

정답 ①

차량용 엔진의 엔진성능에 영향을 미치는 여러 인자로는 흡입효율, 체적효율, 충전효율, 냉각효율, 마찰손실, 점화식, 압축비 등이 있다.

33

정답 ①

윤활장치에서 유압이 높아지는 원인
- 엔진의 온도가 낮아 오일의 점도가 높다.
- 윤활 회로의 일부가 막혔다.
- 유압조절밸브 스프링의 장력이 과다하다.

34

정답 ③

플런저 유효행정
플런저 유효행정은 플런저가 연료를 압송하는 기간이며, 연료의 분사량(토출량 또는 송출량)은 플런저의 유효행정으로 결정된다. 따라서 유효행정을 크게 하면 분사량이 증가한다.

35

정답 ④

액셀러레이터 페달의 유격이 과다하면 가속 시 응답성이 느려진다.

36

정답 ④

(제동열효율)＝(기계효율)×(지시열효율)

(지시열효율)＝100－(배기손실)+(냉각손실)＝100－(31+29)＝40%

$$[정미열효율(제동열효율)] = \frac{(기계효율)\times(지시열효율)}{100} = \frac{80\times40}{100} = 32\%$$

37

정답 ②

피스톤 컵에는 1차 컵과 2차 컵이 있으며 1차 컵의 기능은 유압 발생이고, 2차 컵의 기능은 마스터 실린더 내의 오일이 밖으로 누출되는 것을 방지하는 것이다.

38

정답 ①

ABS가 장착된 차량에서 휠 스피드 센서는 휠의 회전속도를 감지하여 이를 전기적 신호로 바꾸어 ABS 컨트롤 유닛으로 보낸다.

39

정답 ④

차동 피니언과 사이드 기어의 백래시 조정은 스러스트 와셔의 두께를 가감하여 조정한다.

40

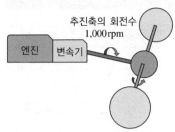

추진축의 회전수
1,000rpm

엔진　변속기

(종감속비)＝(링기어 잇수)/(구동 피니언 잇수)이므로

(종감속비)＝$\dfrac{30}{6}$＝5이다.

또한 양 바퀴의 직진 시 회전수는 $\dfrac{1,000}{5}$ 이므로 200rpm이다.

차동장치의 특성상 한쪽 바퀴의 회전수가 증가하면 반대쪽 바퀴의 회전수가 증가한 양만큼 감소된다.
따라서 왼쪽 바퀴가 150rpm으로 회전한다면 오른쪽 바퀴는 250rpm으로 회전한다.

01	02	03	04	05	06	07	08	09	10
④	②	②	①	①	③	④	④	③	①

01
정답 ④

현대자동차그룹의 인재상
- 도전 : 실패를 두려워하지 않으며, 신념과 의지를 가지고 적극적으로 업무를 추진하는 인재
- 창의 : 항상 새로운 시각에서 문제를 바라보며 창의적인 사고와 행동을 실무에 적용하는 인재
- 열정 : 주인의식과 책임감을 바탕으로 회사와 고객을 위해 헌신적으로 몰입하는 인재
- 협력 : 개방적 사고를 바탕으로 타 조직과 방향성을 공유하고 타인과 적극적으로 소통하는 인재
- 글로벌 마인드 : 타 문화의 이해와 다양성의 존중을 바탕으로 글로벌 네트워크를 활용하여 전문성을 개발하는 인재

02
정답 ②

현대자동차의 5대 핵심 가치(Core Value)
- 고객 최우선(Customer) : 최고의 품질과 최상의 서비스를 제공함으로써 모든 가치의 중심에 고객을 최우선으로 두는 고객 감동의 기업 문화를 조성한다.
- 도전적 실행(Challenge) : 현실에 안주하지 않고 새로운 가능성에 도전하며 '할 수 있다'는 열정과 창의적 사고로 반드시 목표를 달성한다.
- 소통과 협력(Collaboration) : 타 부문 및 협력사에 대한 상호 소통과 협력을 통해 '우리'라는 공동체 의식을 나눔으로써 시너지 효과를 창출한다.
- 인재 존중(People) : 우리 조직의 미래가 각 구성원들의 마음가짐과 역량에 달려 있음을 믿고 자기계발에 힘쓰며, 인재 존중의 기업 문화를 만들어 간다.
- 글로벌 지향(Globality) : 문화와 관행의 다양성을 존중하며, 모든 분야에서 글로벌 최고를 지향하고 글로벌 기업시민으로서 존경 받는 개인과 조직이 된다.

03
정답 ②

코나는 2017년 6월에 첫 출시된 소형 SUV이다(직렬 4기통 휘발유 엔진, 배기량 1,591cc).

오답분석
① 투싼 : 2004년 3월에 첫 출시된 준중형 크로스오버 SUV이다(직렬 4기통 디젤 또는 휘발유 엔진, 배기량 1,991cc).
③ 싼타페 : 2000년 6월에 첫 출시된 모노코크 SUV이다(직렬 4기통 디젤 엔진, 배기량 1,991cc).
④ 제네시스 : 2008년 1월에 첫 출시된 고급 후륜구동 승용차이다(6기통 휘발유 엔진, 배기량 3,778cc).

04
정답 ①

'일본 올해의 차 위원회 실행위원회'는 2022년 12월 현대자동차 아이오닉 5를 '2022 ~ 2023 올해의 수입차'로 선정했다. 이로써 아이오닉 5는 한국산 자동차로서는 처음으로 '일본 올해의 차'에서 수상한 모델이 되었다. 주최 측은 아이오닉 5에 대해 "혁신적 내외관 디자인은 물론 긴 1회 충전 주행가능 거리, 역동적인 주행 성능, 다양한 편의 · 안전 사양 등이 심사위원단의 높은 평가를 받았다."며 "특히 스티어링 휠에 장착된 패들시프트로 회생제동 단계를 바꾸는 기능도 운전의 쾌감을 선사한다는 의견이 많았다."라고 선정 사유를 밝혔다. 이에 앞서 현대차그룹의 E-GMP 플랫폼을 기반으로 개발된 최초의 전용 전기차인 아이오닉 5는 2022년 4월 '2022 월드카 어워즈'에서 '세계 올해의 자동차'를 수상한 바 있다.

05

정답 ①

㉠ 현대자동차 울산공장은 1968년, 전주공장은 1995년, 아산공장은 1996년에 완공되었다. 아산공장은 공장의 지붕을 활용한 태양광 발전소로 10MW의 전기를 생산하며 연간 5,600톤의 이산화탄소를 감축하고 있다. 또한 국내 개발 로봇, 무인 운반차량 및 레이저 유도 차량 등 다양한 첨단 설비를 적용한 공장이다.

㉡ 자동화된 생산라인을 갖추고 차체에 모듈화된 부품을 조립하며 동일 생산라인에서 여러 시리즈의 쏘나타와 그랜저 모델을 연간 30만 대 정도 생산하고 있다.

㉣ 1일 5,000톤의 폐수를 7단계 처리하는 국내 최대 폐수 무방류 시스템, 3중 침출수 차단 설비를 갖춘 폐기물 매립시설을 구축해 환경을 보호하고 있다.

[오답분석]

㉢ 전주공장에 대한 설명이다. 전주공장에서는 승용차를 제외한 버스와 트럭, 특장차 등을 생산하고 있다.

㉤ 울산공장에 대한 설명이다. 차량을 신속히 선박에 적재해 수출할 수 있는 전용 부두가 1987년 완공되었다.

06

정답 ③

현대모터스튜디오는 자동차 복합 체험 공간으로서, 서울시(2014년 5월), 하남시(2016년 9월), 고양시(2017년 3월), 부산시(2021년 4월) 등의 국내 도시와 모스크바(2015년 1월), 베이징(2017년 11월), 자카르타(2022년 6월) 등의 해외 도시에서 현대모터스튜디오를 운영 중이다. 또한 2022년에 글로벌 메타버스 플랫폼인 '제페토(2022년 5월)'에도 현대모터스튜디오를 설치했다.

07

정답 ④

히어(H-ear)는 현대자동차(H)의 귀(Ear)가 되어 고객의 소리를 듣고(Hear), 고객과 함께 자동차의 미래를 설계하기 위한 고객 소통 채널이다. H-ear를 통해 차량 정보, 서비스, 트렌드에 대한 고객의 아이디어·제안을 공유하며, 설문조사와 주어진 질문을 주제로 토론할 수 있다. 이러한 과정을 통해 도출된 실행안을 현대자동차의 분야별 전문 담당자들이 검토하여 현대자동차의 각종 제품과 서비스에 반영한다.

08

정답 ④

2022년 공급망 탄소감축 추진계획
- 협력사 탄소중립 협의체 운영
  - 협력사 탄소중립 협의체 운영(분기)
  - 현대자동차 탄소중립 전략에 대한 의견 수렴, 주요 이슈에 관한 의견 교환
- 협력사 대상 교육 및 인식 제고
  - 대표자 : 협력사 파트너십데이 개최, 현대자동차 탄소중립 전략 발표
  - 임직원 : ESG 기본·심화 온라인 교육과정 운영(글로벌상생협력센터)
- 협력사 감축목표 검토 및 지원 프로그램 개발
  - 협력사 온실가스 배출량 기준 감축계획 구체화(기준 및 목표 설정)
  - 협력사 지원 프로그램 개발 추진(스마트공장 구축 연계 등)
- 협력사 온실가스 배출량 및 에너지 사용량 조사
  - 원소재 협력사 등 대상 온실가스 배출량 및 에너지 사용량 조사
  - 조사 양식 정교화 및 대상 확대
- 협력사 탄소중립 이행 가이드 제공
  - 협력사 탄소중립 추진을 위해 준수해야 할 이행 가이드 제시
  - 사내 대응체계 구축, 사업장·공급망·물류 등 온실가스 감축, 배출량 정보 공개

09

5스타 제도 운영 평가 항목
- 품질 5스타
  - 품질관리 체제
  - 입고 불량률
  - 클레임 비용 변제율
  - 품질경영 실적
- 기술 5스타
  - 기초역량 : 인원, 투자
  - 수행능력 : 부품 개발 업무 체계(기획·설계·평가)
  - 미래역량 : 신기술 개발, 특허 실적
- 납입 5스타
  - 생산라인 정지 : 건수, 시간, 변제 금액, 변제 비율
  - A/S 부품 납입률
  - CKD[※] 부품 납입률

   ※ CKD(Complete Knock Down) : 부품 형태로 수출한 후 목적지에서 조립해 완성품으로 판매하는 방식으로서, 관세를 낮출 수 있다. 일반적으로 개발도상국에 자동차를 수출할 때 사용된다.

10

인권헌장의 적용 대상은 현대자동차의 임직원(임원과 직원, 비정규직 포함)으로서 국내외 생산 및 판매법인, 자회사 및 손자회사, 합작투자사의 임직원을 포함한다. 또한 현대자동차 임직원은 공급자 및 판매·서비스 조직을 대할 때에도 인권헌장을 따르며, 더 나아가 거래관계에 있는 모든 이해관계자가 본 인권헌장을 존중할 수 있도록 권장하고 있다.

[오답분석]
② 현대자동차는 임직원의 인권에 대한 이해 증진과 인식 개선을 유도하고, 내부 인권경영 추진 방향 및 실행계획 전달 등을 목적으로 하는 인권경영 교육을 진행한다. 인권경영 교육을 통해 직장 내 차별 및 괴롭힘 행위를 금지하고, 발견된 인권침해 사례 및 리스크 등을 적극 신고하도록 유도한다.
③ 현대자동차는 합리적인 이유 없이 모든 임직원의 성별, 인종, 민족, 국적, 종교, 장애, 나이, 가족 현황, 사회적 신분 및 정치적 견해 등을 이유로 모집, 채용, 승진, 교육, 임금, 복리후생 등의 고용과 관련해 차별하지 않으며, 임직원의 다양성을 존중하는 조직문화를 구축한다. 또한 확인된 차별 사례에 대해 무관용 원칙으로 대응한다.
④ 현대자동차의 모든 임직원은 신고인의 인적사항이나 신고인임을 미루어 알 수 있는 사실을 다른 사람에게 알려주거나 공개 또는 보도하여서는 아니 되며, 피해자, 피해 내용, 구제 절차, 처리 결과 등 신고, 접수, 통보 내용을 비밀에 부쳐야 한다. 그리고 인권침해 사례 또는 인권 리스크를 알린 신고인 등이 신고에 따른 불이익을 받지 않도록 필요한 조치를 마련한다.

01	02	03	04	05	06	07	08	09	10
④	①	①	②	④	①	②	①	①	④

01

정답 ④

도박사의 오류는 서로 영향을 끼치지 않는 일련의 확률적 사건들에서 상관관계를 찾아내려 하는 사고의 오류를 말한다.

02

정답 ①

레드퀸 효과(Red Queen Effect)는 『이상한 나라의 앨리스』에서 아무리 뛰어도 제자리인 앨리스에게 레드퀸이 앞으로 나가려면 두 배로 더 열심히 뛰어야 한다고 이야기한 것에서 유래했으며, 오늘날 쫓고 쫓기는 생태계나 기업의 경쟁 구조를 설명하는 용어로 쓰이고 있다.

03

정답 ①

인터넷 환경에서는 정보의 생산은 쉽지만 삭제와 파기가 쉽지 않기 때문에 잊혀질 권리를 도입해야 한다는 필요성이 제기되고 있다. 잊혀질 권리란 인터넷상에서 특정한 기록을 삭제할 수 있는 권리를 말하며, 자신의 정보가 더 이상 적법한 목적을 위해 필요하지 않을 때, 그것을 지울 수 있는 개인의 권리이다.

04

정답 ②

여주 흔암리, 부여 송국리 유적에서 발견된 탄화미를 통해 청동기 시대에 한반도에서 벼농사가 시작되었다는 것을 알 수 있다.

[오답분석]
① 가락바퀴를 이용하여 원시적인 수공업이 이루어진 시기는 신석기 시대이다.
③ 청동기 시대 유적은 만주와 한반도 일대에 폭넓게 분포되어 있다.
④ 조개껍데기 가면은 신석기 시대의 예술품이다.

05

정답 ④

고려는 북송 시대에 산둥반도의 등주(덩저우)에 도착하는 북선항로를 이용한 무역을 하였으며, 송나라가 금(金)의 침입을 받아 남쪽으로 천도한 뒤에는 명주(밍저우)에 도착하는 남선항로를 이용하여 남송과 무역을 계속하였다.

[오답분석]
① 일본과 정식 국교를 맺지 않은 것은 사실이나, 민간상인들이 수은·유황 등을 가지고 와서 하사품을 받아가는 형태의 무역이 이루어졌다.
② 벽란도는 대동강 하류가 아닌 예성강 하류에 있었던 수도 개성의 무역항이었다.
③ 아라비아 상인들은 송나라를 거쳐서 고려와 거래하였다.

06

정답 ①

지니계수의 값이 0이면 완전평등 상태이고, 1이면 완전불평등한 상태이다. 소득이 어느 한 사람에게 집중되어 있는 것은 완전불평등한 상태를 의미하므로 지니계수의 값은 1이다.

07

정답 ②

한계생산력에 따라 생산물을 분배하게 되면 노동과 자본은 자신이 기여한 한계생산물 가치만큼 보수를 받으므로 이는 자원의 공평한 배분을 의미한다.

08

정답 ①

엔트로피는 무질서한 상태 또는 물리량의 단위이다. 세상의 모든 물질은 반드시 엔트로피가 증대되는 방향으로 나아가며, 이를 열역학 제2법칙이라고도 한다.

오답분석

② 스핀이 정수인 입자이며, 보스 – 아인슈타인 통계를 따르는 매개 입자이다. 인도의 물리학자 사티엔드라 나트 보스의 이름에서 유래되었다.
③ 흔히 빛을 프리즘 등의 도구로 색깔에 따라 분해해서 살펴보는 것을 일컫는다. 넓은 의미로는 어떤 복합적인 신호를 가진 것을 1 ~ 2가지 신호에 따라 분해해서 표시하는 기술을 일컫는다.
④ 어떤 점을 중심으로 회전하려고 하는 힘을 뜻한다.

09

정답 ①

백야 현상은 보통 고위도 지방에서 한 여름에 발생하며, 길게 나타날 경우 최장 6개월 동안 해가 지지 않는다.

오답분석

② 지구에서 보았을 때 내행성이 태양면을 통과하는 현상으로, 수성과 금성의 일면 통과를 관찰할 수 있다.
③ 천문학에서 한 천체가 다른 천체를 가리거나 그 그림자에 들어가는 현상으로, 개기 또는 개기식이라고도 한다. 일반적으로 월식, 일식 등으로 사용된다.
④ 지구 밖에서 입사하는 대전 입자가 지구 대기권 상층부의 기체와 마찰하여 빛을 내는 현상이다.

10

정답 ④

슈퍼 전파자는 동일한 바이러스나 세균에 감염된 다른 개인보다 특별히 많은 2차 접촉자를 감염시키는 사람을 말한다. 일부 슈퍼 전파자는 약 20%의 감염된 개인들이 80%의 전파 원인이 되는 80 : 20의 법칙을 따르지만, 그보다 높거나 낮은 비율로 전파하는 경우도 슈퍼 전파자라 할 수 있다.

01	02	03	04	05	06	07	08	09	10
②	③	②	①	③	②	①	③	②	④

01

정답 ②

「A : 전조등이 고장 나서 교체해야 합니다.
B : 교체하는 데 비용이 얼마나 들까요?
A : 15달러입니다.」

오답분석
① 수리하는 데 얼마나 걸릴까요?
③ 제가 어떻게 그곳에 갈 수 있을까요?
④ 제가 혼자서 수리할 수 있을까요?

02

정답 ③

「A : 주말에 뭐했어?
B : 내 아이들이랑 영화 보러 갔어.
A : 영화는 어땠어?
B : 좋았어. 내 아이들도 좋아했었어.」

오답분석
① 영화 상영시간이 얼마나 걸려?
② 어떤 종류의 영화야?
④ 맛은 어땠어?

03

정답 ②

「A : 무엇을 도와드릴까요?
B : 어제 산 신발을 환불하고 싶어서요.
A : 영수증을 보여 주시겠어요?
B : 물론이죠, 여기 있습니다.」

오답분석
① 나에게 딱 맞아요.
③ 죄송하지만 환불은 해드릴 수 없습니다.
④ 신발 수선을 원하시나요?

04

정답 ①

「A : 나가서 좀 걸을래?
B : 좋아, 근데 바깥 날씨가 어때?
A : 지금 바깥 날씨는 맑아.」

오답분석
② 우린 1시간 정도 걸을 예정이야.
③ 30분 뒤에 나가자.
④ 내일은 날씨가 맑을 거야.

05

「A : 요즘 뭐하고 지내?
 B : 나는 요즘 스케이트보드 타는 데 빠져있어.
 A : 나도 그거 좋아하는데, 언제 같이 하지 않을래?
 B : 좋아, 다음 주말에 같이 하자.」

오답분석
① 내가 어디로 가야 해?
② 밥 먹고 시작하자.
④ 나는 그것을 할 시간이 없어.

06

황사가 강하다는 A에 대한 응답으로 바나나의 색을 말한 B의 대답은 흐름상 어색하다.
• yellow dust : 황사
「A : 황사가 강합니다.
 B : 바나나는 노란색입니다.」

오답분석
① 「A : 그 바구니는 너무 무겁습니다.
   B : 제가 Mike를 부를게요.」
③ 「A : 가장 마음에 드는 동물은 무엇입니까?
   B : 개입니다.」
④ 「A : 그의 직업은 무엇입니까?
   B : 그는 선생님입니다.」

07

Sujin의 생일을 축하하는 A에 대한 응답으로 태양이 매우 눈부시다는 B의 대답은 흐름상 어색하다.
• shiny : 눈부신, 빛나는
• car accident : 교통사고
• ward : 병동
「A : 생일 축하해, Sujin.
 B : 태양이 매우 눈부십니다.」

오답분석
② 「A : Bob은 지난주에 교통사고로 다리가 부러졌습니다.
   B : 그거 참 안됐네요. 이번 주말에 병동에 찾아가봅시다.」
③ 「A : 변호사실은 16층에 있습니다.
   B : 엘리베이터를 타죠.」
④ 「A : 이번 중간고사는 너무 어려웠습니다.
   B : 더 열심히 공부합시다.」

08

유리가 매우 더럽다는 A에 대한 응답으로 안경이 매우 싸다는 B의 대답은 흐름상 어색하다.
「A : 이 유리는 매우 더럽습니다.
 B : 이 안경은 매우 쌉니다.」

① 「A : 저 토끼는 매우 귀엽습니다.
　　 B : 저도 같은 생각입니다.」
② 「A : 바구니 안에 사탕이 몇 개 있습니까?
　　 B : 15개 있습니다.」
④ 「A : 부산은 이 곳에서 너무 멉니다.
　　 B : 기차를 타는 건 어떤가요?」

09 　　　　　　　　　　　　　　　　　　　　　　　　　　　　　정답 ②

밖으로 나가자는 A에 대한 응답으로 자신의 집은 여기서 가깝다는 B의 대답은 흐름상 어색하다.

• turn down : (소리 등을) 줄이다.
• immediately : 즉시
• close : 가까운
• cafeteria : 식당

「A : 밖으로 나가는 건 어때?
　B : 내 집은 가깝습니다.」

① 「A : 전화 소리가 매우 큽니다.
　　 B : 죄송합니다. 당장 소리를 줄이겠습니다.」
③ 「A : 민호와 수호 중 누구의 키가 더 큽니까?
　　 B : 둘이 키가 같습니다.」
④ 「A : 야구경기가 곧 시작합니다.
　　 B : 오, 저 식당에 들어가는 건 어때요?」

10 　　　　　　　　　　　　　　　　　　　　　　　　　　　　　정답 ④

15분 전에 전화가 왔다는 A에 대한 응답으로 배가 고프다는 B의 대답은 흐름상 어색하다.

• immediately : 바로
• scent : 향기

「A : Susan이 15분 전에 전화를 했어요.
　B : 나는 지금 배가 고픕니다.」

① 「A : 오, 안돼! 소나기가 내려요.
　　 B : 제가 집에 가서 빨래를 걷을게요.」
② 「A : 이 꽃의 향기가 좋네요.
　　 B : 몇 송이 드릴까요?」
③ 「A : 오늘 밤은 무서워요.
　　 B : 걱정 마세요. 저도 여기 있을게요.」

01   자동차구조학

01	02	03	04	05	06	07	08	09	10	11	12	13	14	15	16	17	18	19	20
③	②	④	③	③	③	②	②	①	①	③	①	②	②	①	②	③	①	②	①
21	22	23	24	25	26	27	28	29	30	31	32	33	34	35	36	37	38	39	40
④	②	②	③	③	②	②	②	①	②	③	④	③	④	①	③	③	②	②	③

01   정답 ③

SO_2은 디젤기관의 경유 연소 시 발생하는 황산화물로 삼원 촉매 장치의 주요 제어 성분이 아니다.

02   정답 ②

(실린더의 1개 배기량)=(행정체적)이므로 [압축비(ε)]=$\dfrac{(연소실체적)+(행정체적)}{(연소실체적)}$이다.

$\dfrac{x+1,400}{x}=8 \rightarrow x=\dfrac{1,400}{(8-1)}=200\text{cc}$이다.

03   정답 ④

GDI 방식은 연소실에 직접 분사하는 직접분사식이다.

04   정답 ③

[압축비(ε)]=$\dfrac{(연소실 체적)+(행정 체적)}{(연소실 체적)}=\dfrac{V_c+V_s}{V_c}$

05   정답 ③

물펌프의 고속회전은 엔진 과열의 원인과는 거리가 멀다.

06 정답 ③

배전기가 없기 때문에 로터와 접지 간극 사이의 고압 에너지 손실이 적다.

07 정답 ②

디젤기관 연료장치에서 여과지식 연료 여과기는 수분제거 및 이물질을 제거하는 역할을 한다.

08 정답 ②

전자제어 동력 조향장치에서 최적 상태의 유량을 제어하는 밸브는 유량 제어 밸브이다.

09 정답 ①

토크 컨버터의 터빈 축은 변속기 입력 축과 연결되어 동력을 전달한다.

오답분석

④ 임펠러 부분은 엔진에서 출력되는 축과 연결된다.

10 정답 ①

클러치의 자유간극이 작으면 동력 차단이 잘되어 변속은 용이하나 접속 시 슬립이 발생할 수 있다.

11 정답 ③

레인 센서 와이퍼 시스템은 앞창 유리 상단의 강우량을 감지하여 자동으로 와이퍼 속도를 제어하는 시스템이다.

12 정답 ①

밸브간극 조정 시 엔진을 정지상태에서 조정한다.

13 정답 ②

가솔린의 옥탄가를 측정하기 위하여 임의로 압축비를 변경하며 옥탄가를 측정하는 기관은 CFR 기관이다.

14 정답 ②

토션 바 스프링은 막대 스프링으로서 스프링 강으로 만들고 비틀림 탄성을 이용하여 완충 작용을 하는 부품이다.

15 정답 ①

회전관성이 크면 클러치의 동력차단 시에는 변속이 잘 안 되고 전달 시 슬립이 발생하며 동력 전달 속도가 느려진다.

16

정답 ②

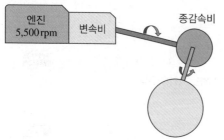

- (총 감속비)=(변속비)×(종감속비)=5.5
- [액슬축(바퀴)의 회전수]=[(엔진의 회전수)÷(총감속비)]

$$\therefore \frac{5,500}{5.5} = 1,000\text{rpm}$$

17

정답 ③

지르코니아(ZrO_2) 산소센서는 고온에서 산소이온에 의한 전기전도가 일어나는 고체전해질로서 공기 중의 산소 분압에 따라 전하
평형이 달라지는 성질을 이용한 센서이다.

18

정답 ①

디젤기관의 연소과정

착화 지연기간 → 화염 전파기간(폭발 연소기간) → 직접 연소기간(제어 연소기간) → 후기 연소기간

19

정답 ②

배기밸브 닫힘각+흡기밸브 열림각$=10°+18°=28°$

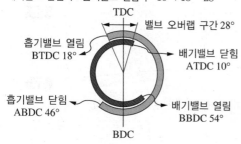

20

정답 ①

타이어 공기압이 낮으면 타이어가 노면에 닿는 면적이 많아 차가 미끄러짐이 적으나, 파열이 일어날 수 있다. 겨울철에는 미끄러운
노면 상태로 인해 타이어의 공기압을 낮게 하여 주행하는 것이 안전하다.

21

정답 ④

과급장치의 설치 목적은 충진율을 높여 기관의 회전력(출력)을 증가시킨다.

22

정답 ②

커넥팅 로드의 비틀림 발생 시 압축압력 저하, 원활한 회전 불능, 베어링 및 저널의 마모 등을 들 수 있다.

23

정답 ②

최적의 공연비란 이론적으로 완전연소가 가능한 비율로 공기와 연료의 비율(14.7 : 1)을 의미한다.

24

정답 ③

단행정 기관은 행정의 길이가 짧아 피스톤의 평균속도를 올리지 않고 회전수를 높일 수 있으며 단위 체적당 출력을 크게 할 수 있다.

25

정답 ③

지시마력을 구하는 식은 $IPS = \dfrac{P_{mi} \times A \times L \times Z \times \frac{N}{2}}{75 \times 60 \times 100}$ 이다.

(2행정 사이클 엔진 : N, 4행정 사이클 엔진 : $\dfrac{N}{2}$)이므로 $IPS = \dfrac{8 \times \frac{3.14 \times 10^2}{4} \times 10 \times 6 \times \frac{2,500}{2}}{75 \times 60 \times 100} \fallingdotseq 104.66 PS$이다.

26

정답 ②

디젤기관의 예열장치에서 연소실 내의 압축공기를 직접 예열하는 형식은 예열플러그식이며 흡기 통로에 설치되어 흡기공기 전체를 가열하는 방식은 흡기가열식, 히트레인지식 등이 있다.

27

정답 ③

가솔린의 안티 노크성(내폭성)을 나타내는 수치를 옥탄가, 경유의 착화성을 나타내는 수치를 세탄가라 한다.

28

정답 ②

LPG기관은 별도의 연료 펌프가 없이 봄베 내 가스 압력으로 LPG가 공급된다.

29

정답 ①

I.S.C(Idle Speed Control)서보기구는 공전속도 조절장치로서 ECU 제어를 받는다.

30

정답 ②

전자제어 가솔린기관의 진공식 연료압력 조절기는 흡기다기관의 진공도에 따라 연료 리턴량을 변경하여 연료라인의 압력과 흡기다기관의 압력차를 일정하게 유지시킨다.

31

정답 ③

냉간 시 냉각수 온도 센서를 이용하여 엔진의 온도를 측정하고 점화시기 제어 및 연료분사량을 제어한다.

32

정답 ④

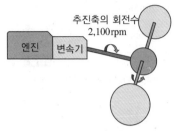

(종감속비)＝(링기어 잇수)÷(구동 피니언 잇수)＝$\frac{36}{6}$＝6이다.

또한 양쪽 바퀴의 직진 시 회전수는 $\frac{2,100}{6}$ 이므로 350rpm이다.

차동장치에서 한쪽 바퀴의 회전수가 증가하면 반대쪽 바퀴의 회전수가 증가한 양만큼 감소된다.
따라서 오른쪽 바퀴만을 들어서 회전시키면 왼쪽 바퀴의 회전수까지 오른쪽 바퀴로 전달되므로 왼쪽 바퀴가 0rpm이면 오른쪽 바퀴는 700rpm이다.

33

정답 ③

수동변속기에서 싱크로메시(Synchromesh)기구에서 동기 물림 작용이 적용되는 시점은 변속기어가 물리는 시점이다.

34

정답 ④

요철이 있는 노면을 주행할 경우, 스티어링 휠에 전달되는 충격을 킥 백이라 한다.

35

정답 ①

교류발전기는 로터 내 코일에 전류가 흘러 로터 철심을 자화시키고 스테이터를 회전시켜 교류 전류가 발생하는 원리이다.

교류발전기와 직류발전기의 비교

기능(역할)	교류(AC)발전기	직류(DC)발전기
전류발생	스테이터	전기자(아마추어)
정류작용 (AC → DC)	실리콘 다이오드	정류자, 러시
역류방지	실리콘 다이오드	컷아웃 릴레이
여자형성	로터	계자코일, 계자철심
여자방식	타여자식(외부전원)	자여자식(잔류자기)

36

정답 ③

계자코일은 전동기 하우징 내부에 고정되어 장착되어 있다.

37

정답 ③

(방전율)=(완전 충전 시의 비중−측정 비중)÷(완전 충전 시의 비중−완전 방전 시의 비중)×100

따라서 $\dfrac{(1.280-1.180)}{(1.280-1.080)}\times100=50\%$이다.

38

정답 ②

운전 자세 기억 장치(IMS)는 시트, 사이드 미러, 조향 핸들을 운전자에게 맞추어 자동으로 조정하는 장치이다.

39

정답 ②

INT 스위치는 간헐 와이퍼 작동을 위한 스위치이다.

40

정답 ③

점화코일의 전압비와 권선비

$$\frac{E_2}{E_1}=\frac{N_2}{N_1}=\frac{I_1}{I_2}$$

01	02	03	04	05	06	07	08	09	10
①	②	④	①	③	④	②	①	③	②

01

책임광물은 '분쟁의 자금줄이 되지 않고 인권과 환경을 존중하는, 사회적 책임을 다하는 방식으로 채굴된 광물'을 뜻한다. 책임 있는 광물 조달을 목적으로 하는 글로벌 협의체인 RMI(Responsible Mineral Initiative)는 광물 원산국, 광물을 사용하는 제련소・정제소 등과 관련된 공급망 정보의 신속한 전달과 법규 준수를 촉진하고, 책임 있는 광물 보증 프로세스를 통해 잠재적으로 감사를 받게 될 신규 제련소・정제소를 식별하는 데 편리함을 제공한다. 한편 미국, 유럽연합, OECD 등은 분쟁광물의 유통을 차단하고 있으며, 유럽의 많은 자동차 생산업체에서는 협력사를 평가할 때 RMI 가입 여부를 확인하고 있다.

오답분석

② IMDS : International Material Data System, 즉 국제 재질 정보 시스템으로, 2004년부터 글로벌 자동차 제조사가 공동 운용 중인 '부품 화학물질 정보 데이터베이스 시스템'
③ ISO 14001 : 환경 경영 시스템에 관한 국제 표준
④ ISO 45001 : 산업 보건 및 안전 관리 경영 시스템에 관한 국제 표준

4대 분쟁광물과 주요 사용처
- 주석
  - 주요 사용처 : 전자 납땜, 산업기기, 화학약품
  - 관련 산업 : 자동차, 휴대폰, 보석, 전자 의료기기
- 탄탈룸
  - 주요 사용처 : 초경합금 공구, 전자총
  - 관련 산업 : 자동차, 휴대폰, TV, 우주항공, 에너지
- 텅스텐
  - 주요 사용처 : 초경합금 공구, 전자총
  - 관련 산업 : 자동차, 전자 의료기기, 에너지
- 금
  - 주요 사용처 : 전자도금, PCB
  - 관련 산업 : 반도체, 우주항공

02

액티브 후드 시스템은 자동차가 보행자와 충돌할 경우 차량이 충돌을 감지하고 보닛을 들어 올려 보행자를 보호하는 시스템으로, 보닛 아래 작동기가 움직여 보닛이 위로 올라가게 되어 보닛과 엔진룸 사이 충격 흡수 공간이 생겨 보행자의 부상 정도를 대폭 줄일 수 있다.

오답분석

① 3세대 통합 플랫폼 : 자동차 플랫폼은 디자인, 주행 성능, 안전성, 실내공간 등 자동차의 기본을 결정하는 중요 요소이다. 현대자동차가 개발한 3세대 통합 플랫폼은 실내공간 확보, 승객공간 강도 극대화 등 안전성 강화, 동력・연비 향상 등 에너지 효율 개선, 주행환경에 안정적 주행성능 구현이 가능하다.
③ 전방 충돌방지 보조 : 첨단 운전자 보조 시스템의 일종으로, 선행 차량이 급격히 감속하거나 전방에 차량 혹은 보행자가 나타나는 경우 전방 충돌 위험을 경고하거나 자동으로 제동을 보조한다.
④ 다중충돌 방지 자동 제동 : 정면・측면 등 충돌사고로 인해 에어백이 전개되는 경우에 차량에 적절한 제동 기능을 작동시켜 2차 사고 등 다중 충돌을 경감시키는 장치이다. 이를 통해 기존의 사고 회피 또는 예방 차원을 넘어 사고 이후의 상황을 한번 더 파악하고 운전자와 탑승자뿐만 아니라 사고 차량 주변을 함께 보호할 수 있다.

03

정답 ④

수자원 위험은 수자원 사용 요금 증대에 따른 운영비 및 원가 상승 리스크 방지를 위한 수자원 사용 효율화 및 주기적인 누수시설 점검으로 관리한다.

오답분석

① 기후변화 위험
  • 부품 조달부터 생산, 운행 과정에 이르는 전 단계의 2045년 탄소중립 목표 수립
  • 탄소감축 및 제로화를 위한 전동화 차량 중심의 사업구조 재편
  • 그린수소, 재생에너지 발전, REC 구매, 재생에너지 PPA 계약 등을 통한 사업장 재생에너지 사용 확대(2045년 RE100 달성 목표)
② 이자율 위험
  • 단기 차입금 : 고정이자율 차입금과 변동이자율 차입금 균형 조정
  • 장기 차입금 : 고정금리차입 원칙 고수
③ 환 위험
  • 주요 외화인 달러(미국), 유로(유럽연합), 엔(일본) 등의 환위험 관리를 위해 외화의 유입과 유출 일치 전략 활용
  • 환율 전망에 따른 외화 자금 수급 결제일 조정 및 외환 파생상품 등을 헷지 수단으로 활용

04

정답 ①

현대자동차가 추진하는 '리스타일(Re:Style)' 프로젝트는 자동차와 패션의 협업을 통해 업사이클링을 확산하기 위한 프로젝트이다. 가죽시트를 이용한 점프수트, 버려지는 차량 카펫을 이용한 가방, 폐차 유리로 만든 주얼리 등을 시장에 선보였으며, 해당 제품의 판매 수익금은 친환경 패션 홍보를 위해 영국패션협회에 기부한 바 있다. 향후 현대자동차는 폐차 과정에서 발생하는 폐기물의 새로운 가치 창출 방안을 모색하고, 자동차 산업, 패션 산업 분야의 지속 가능성을 선도해 나갈 계획이다.

05

정답 ③

지속가능경영위원회는 사외이사 6명과 사내이사 1명으로 구성된다. 주주의 권익을 보호하며, ESG 경영 체계 강화, 임직원의 윤리적 이슈에 대한 점검·감독, 안전·보건 관련 주요 계획 수립과 이행 점검 등의 기능을 한다.

오답분석

① 감사위원회 : 사내이사 없이 사외이사 5명으로 구성된다. 내부 회계관리 제도의 운영 실태를 평가하며, 이사와 경영진의 업무 활동 적법성 확인, 기업 재무활동의 건전성·타당성 및 재무 보고의 정확성 검토 등의 기능을 한다.
② 보수위원회 : 사외이사 2명과 사내이사 1명으로 구성된다. 이사 보수 산정의 객관성·투명성 확보, 등기이사의 보수 한도 및 사내이사의 보수 체계에 관한 사항 등의 심의·의결 등의 기능을 한다.
④ 사외이사후보추천위원회 : 사외이사 3명과 사내이사 2명으로 구성된다. 법령에서 정하는 요건, 분야별 전문성, 개인 역량 등을 종합적으로 검토해 사외이사후보를 추천하며, 기업가치의 훼손 또는 주주의 권익 침해 이력이 있는 사외이사 선임 방지 등의 기능을 한다.

06

정답 ④

협력사 그룹과의 커뮤니케이션 채널에 대한 설명이다. 지역사회 그룹과의 커뮤니케이션 채널에는 지역사회 공헌 프로그램, 사업장 인근 지역사회 소통 활동, 채용 프로그램, 가족 초청 행사 등이 있다.

주요 이해관계자 그룹별 커뮤니케이션 채널
• 지역사회 : 지역사회 공헌 프로그램, 사업장 인근 지역사회 소통 활동, 채용 프로그램, 가족 초청 행사
• 임직원 : 노사협의회, 직원만족도 조사, 각종 간담회·행사, 고충처리 제도, 산업안전보건위원회, 직무 관련 교육·훈련
• 주주·투자자 : 주주총회, 기업설명회, IR미팅, 지속가능경영위원회, 웹사이트
• 협력사 : 동반성장 포털사이트, HMG 파트너 시스템, 투명구매실천센터 사이트, 글로벌상생협력센터(GPC포털), 세미나 및 교육
• 고객·딜러 : 모터쇼 및 신차 발표회, 시승회, 비포서비스, 고객만족도 조사, 동호회, 온라인(SNS), 웹사이트, 스포츠 후원 및 스폰서, 딜러 관련 행사
• 정부 : 정책수립 공청회, 정책 간담회 및 설명회

07

정답 ②

'현대블루'로 불리는 남색에 검정이 혼합된 색채는 희망, 가능성, 신뢰, 카리스마, 도전 정신 등을 상징한다.

• 블루링크(Bluelink) : 현대자동차의 커넥티드 카 서비스 애플리케이션으로 원격 제어, 안전 보안, 차량 관리, 길 안내, 뮤직 스트리밍, 디지털 키 등의 서비스를 제공한다.

• 블루멤버스(Bluemembers) : 현대자동차 고객이 즐겁고 편리하게 차량 서비스를 이용할 수 있도록 제공하는 멤버십 서비스이다.

• 블루핸즈(Bluehands) : 현대자동차의 공식 서비스 협력사로, 차량 점검・수리・정비, 긴급출동 등의 서비스를 제공한다.

08

정답 ①

현대자동차그룹은 2021년 9월 '하이드로젠 웨이브(Hydrogen Wave)'를 통해 누구에게나, 어떤 것에도, 어디에서나 늘 수소가 사용되도록 하겠다는 2040 수소사회 비전(Hydrogen for Everyone, Everything, Everywhere)을 발표했다. 이에 앞서 현대자동차그룹은 2013년 세계 최초로 수소전기차의 본격적인 양산 체제를 갖추고 수소전기차 투싼을 공개했다. 2020년 7월에는 세계 최초로 수소전기 대형 트럭(엑시언트) 양산 체제를 구축하고 유럽으로 수출을 시작했다. 또한 2021년 기준 수소전기차 넥쏘를 전 세계적으로 약 9,600대 판매해 글로벌 수소전기차 시장에서 점유율 1위의 입지를 다졌다.

09

정답 ③

현대자동차그룹은 로봇공학 분야에서 선도적 입지를 확보하고 새로운 가치사슬을 창출하며 '인류를 위한 진보(Progress for Humanity)'에 새로운 장을 열기 위해 2021년 9월에 1조 원에 육박하는 자금을 들여 미국 보스턴 다이내믹스를 인수했다. 아후 보스턴 다이내믹스와 협력해 4족 보행 로봇 '스팟'에 로보틱스랩의 인공지능(AI) 기반 소프트웨어가 탑재된 'AI 프로세싱 서비스 유닛'을 접목해 '공장 안전 서비스 로봇'을 개발했다.

10

정답 ②

현대자동차는 기아자동차와 함께 '이포레스트(E-Forest)'라는 브랜드 아래 사람과 자연, 기술을 하나로 연결하는 스마트팩토리 생태계를 구축하고 있다. 이 명칭에서 'E'는 보다 효율적(Efficient)이고 경제적(Economical)으로 모빌리티 산업 환경(Environment) 전체의 진보를 달성하겠다는 의미를 담고 있으며, 최고의 만족(Excellence)을 선사하기 위해 모두(Everyone)를 위한 혁신을 이루겠다는 의지를 표현하기도 한다. 또한 'Forest'는 이런 요소들이 모두 어우러진 생태계로서, 현대자동차는 브랜드 명칭에 담긴 다양한 의미들을 실현하기 위해 유연한 혁신 자동차(Auto-Flex), AI・빅데이터 기반의 지능형 제어(Intelligence), 인간 친화적인 스마트 기술(Humanity), 친환경 공장을 통한 탄소중립(Green)을 핵심 가치로 추구한다.

01	02	03	04	05	06	07	08	09	10
①	③	②	④	③	②	③	①	①	②

01

정답 ①

카피레프트는 지적재산권을 의미하는 카피라이트(Copyright)와 반대되는 개념으로, 창작물에 대한 권리를 모든 사람이 공유할 수 있도록 하는 것을 의미한다.

02

정답 ③

파이어(FIRE)는 'Financial Independence, Retire Early'의 약자로, 일반적인 은퇴 연령인 60대가 아니라 30대 중반, 늦어도 40대 초반까지 은퇴하는 것이 목적인 사람들을 의미한다.

03

정답 ②

'화이트 스완(White Swan)'에 대한 설명이다. 화이트 워싱은 원래 '더러운 곳을 드러내지 않게 하는 행위, 세탁' 등을 뜻하지만, 원작 소설이나 만화에서 백인이 아닌 캐릭터를 백인 배우가 연기하는 할리우드의 관행을 뜻하기도 한다.

04

정답 ④

쌀의 생산량보다 수탈량이 많아 국내 1인당 쌀 소비량은 줄어들었고, 부족한 식량은 만주에서 들여온 잡곡으로 충당하였다.

05

정답 ③

모스크바 3상 회의는 1945년 12월 16일부터 26일까지 소련의 모스크바에서 개최된 미국, 영국, 소련의 외무장관 회의로, 제2차 세계대전 이후의 일본 점령지역의 관리 문제를 비롯하여 얄타 회담에서 비롯된 한반도 독립 문제를 의논했다.

[오답분석]

① 일본이 점령했던 모든 영토를 빼앗고 한국의 독립 보장을 선언한 회담이다.
② 제2차 세계대전 중 얄타에서 미국 · 영국 · 소련의 대표들이 개최한 회담이다.
④ 일본에 대해서 항복을 권고하고 제2차 세계대전 후의 대일 처리 방침을 표명했다.

06

정답 ②

거의 모든 시장에는 대기업과 충돌을 피하는 소규모 기업들이 존재하고 있는데, 이 소규모 기업들은 그들의 전문화를 통하여 효과적으로 활동할 수 있고, 주요 기업들이 간과하고 있거나 무시하고 있는 시장 적소를 차지하고 있다. 시장 적소화는 소비자와 선호를 구축하여 주요 경쟁자의 공격으로부터 자신을 방어할 수 있도록 한다.

07

정답 ③

경영자혁명은 자본주의 경제체제 하에서 경영자의 지배 현상이 심화되어 경영자들이 지배계급을 형성하여 사회의 변혁을 주도하게 되는 현상을 말하며, 현대 기업의 구조적 특징으로는 적절하지 않다.

08

카오스 이론은 예측 불가능한 뒤죽박죽의 상태 속에서 질서정연함을 밝히는 것이 목적이다.

09

정답 ①

블랙홀 이론은 아인슈타인의 일반 상대성 이론을 기반으로 출발하였으며, 스티븐 호킹이 최초로 입자물리학 이론을 통해 거시적인 블랙홀의 양태를 증명하였다.

10

정답 ②

뉴턴의 운동 법칙으로는 관성의 법칙, 가속도의 법칙, 작용·반작용의 법칙이 있다. 만유인력의 법칙은 뉴턴의 운동 법칙이 아니다.

01	02	03	04	05	06	07	08	09	10
④	①	①	④	②	②	④	②	①	③

01

정답 ④

「A : 무슨 일이야? 안색이 안 좋아 보여.
B : 어제 술을 너무 많이 마신 것 같아.
A : 내 생각엔 너는 오늘 좀 쉬어야겠다.
B : 그러게, 나도 그렇게 생각해.」

오답분석

① 어제 술을 얼마나 마셨어?
② 요새 뭐 나쁜 일이 있었어?
③ 나는 오늘 집에 일찍 들어갈 거야.

02

정답 ①

「A : 너에게 줄 선물이 있어.
B : 와! 이게 뭐야?
A : 상자를 열어봐.
B : 카메라잖아! 내가 원하던 건데. 고마워!」

오답분석

② 내 생일에는 무엇을 줄 거야?
③ 어제 내가 받은 선물이야.
④ 이제, 내 것은 어디 있어?

03

정답 ①

「A : 실례합니다, "기초 공학"이라는 책을 찾고 있는데요.
B : 혹시 저자의 이름을 알고 있나요?
A : 네, Martin Cooper에 의해 집필되었습니다.」

오답분석

② 언제 발간된 책인가요?
③ 표지는 무슨 색인가요?
④ 그것을 언제 찾으셨나요?

04

정답 ④

「A : 어떻게 도와드릴까요?
B : 이 서류를 복사하고 싶어서요.
A : 알겠습니다. 얼마나 필요하신가요?
B : 300장이 필요합니다.」

오답분석

① 내일까지 끝내주세요.
② 오후에 찾으러 오겠습니다.
③ 책으로 만들어 주세요.

05

「A : 오늘 저녁 밖에 나가서 먹을래?
 B : 좋지. 어디로 갈 거야?
 A : 시내에 새로 생긴 피자집은 어때?
 B : 예약이 필요할까?
 A : <u>내 생각엔 굳이 필요하진 않을 것 같아.</u>」

오답분석
① 내일까지 끝내주세요.
③ 오후에 찾으러 오겠습니다.
④ 책으로 만들어 주세요.

06

탁자를 대리석으로 만들었다는 A의 응답에 빨간 링은 파란 링보다 크다는 B의 응답은 흐름상 어색하다.
• understand : 이해하다.
• mean : 의미하다.
• marble : 대리석
「A : 이 탁자는 대리석으로 만들었습니다.
 B : 빨간 링은 파란 링보다 큽니다.」

오답분석
① 「A : 전 이 단어의 뜻을 모르겠습니다.
    B : 이 웹 사이트에서 검색해보는 건 어떻습니까?」
③ 「A : 이 컴퓨터의 가격은 얼마입니까?
    B : 700달러입니다.」
④ 「A : 이 공원은 오후 8시에 문을 닫습니다.
    B : 그럼 7시 30분에 나가자.」

07

강한 폭풍 때문에 울타리가 망가졌다는 A의 응답에 울타리의 색이 마음에 든다는 B의 응답은 흐름상 어색하다.
• traffic jam : 교통 체증
• fence : 울타리
• due to : ~때문에
• storm : 폭풍우
「A : 울타리가 강한 폭풍 때문에 망가졌습니다.
 B : 저는 이 울타리 색이 마음에 듭니다.」

오답분석
① 「A : 당신은 피아노를 매우 잘 칩니다!
    B : 당신도 피아노를 한 번 쳐보시겠습니까?」
② 「A : 저는 이번 달에 너무 바쁩니다.
    B : 힘내, 넌 할 수 있어.」
③ 「A : 차가 막혀서 10분 정도 늦을 것 같습니다.
    B : 버스에서 내려서 달리세요.」

08

방이 너무 시끄럽다는 A의 응답에 간식을 먹자는 B의 응답은 흐름상 어색하다.
• sunshine : 햇빛

- noisy : 시끄러운
- snack : 간식
- temple : 절, 사원
- rough : 거친
- put on : ～를 착용하다.

「A : 방이 너무 시끄럽습니다.
　B : 간식 좀 먹을까요?」

오답분석

① 「A : 햇빛이 너무 강합니다.
　　B : 밖에 나가지 마세요.」
③ 「A : 저는 작년에 이 절을 방문했습니다.
　　B : 그 때에는 어땠나요?」
④ 「A : 이 돌은 너무 거칠어서 손을 다칠 수 있습니다.
　　B : 여기 장갑이 있습니다. 장갑을 착용하세요.」

09　　　　　　　　　　　　　　　　　　　　　정답 ①

당신의 에세이에 감동받았다는 A의 응답에 가장 좋아하는 음식은 아이스크림이라는 B의 응답은 흐름상 어색하다.

- essay : 수필
- fence : 울타리
- caution : 조심, 주의
- international airport : 국제공항

「A : 당신의 에세이는 매우 감동적입니다.
　B : 제가 좋아하는 음식은 아이스크림입니다.」

오답분석

② 「A : 5월에 결혼할 예정입니다.
　　B : 축하해요!」
③ 「A : 저 노란색 신호는 주의하라는 뜻입니다.
　　B : 알겠습니다. 더 조심해서 운전하겠습니다.」
④ 「A : 시드니에 어떻게 가야 하나요?
　　B : 우선 아무 국제공항에 먼저 가보세요.」

10　　　　　　　　　　　　　　　　　　　　　정답 ③

이상한 소리가 들린다는 A의 응답에 목소리가 마음에 든다는 B의 응답은 흐름상 어색하다.

- frame : 액자, 틀
- loading dock : 하역장
- strange : 이상한

「A : 어디서 이상한 소리가 안 들리나요?
　B : 당신의 목소리가 마음에 듭니다.」

오답분석

① 「A : 가족사진에 필요한 액자를 찾고 있습니다.
　　B : 그럼 이건 어떤가요?」
② 「A : 우리는 이 종이들은 사용하지 않습니다.
　　B : 묶어서 하역장으로 가져가세요.」
④ 「A : 어제 무슨 일을 하셨나요?
　　B : 봉사활동을 하러 고아원에 갔습니다.」

"오늘 당신의 노력은 아름다운 꽃의 물이 될 것입니다."

그러나, 이 꽃을 볼 때 사람들은 이 꽃의 아름다움과 향기만을 사랑하고 칭찬하였지, 이 꽃을 그렇게 아름답게 어여쁘게 만들어 주는 병속의 물은 조금도 생각지 않는 것이 보통입니다.

아무리 아름답고 어여쁜 꽃이기로서니 단 한 송이의 꽃을 피울 수 있으며, 단 한 번이라도 꽃 향기를 날릴 수 있겠는가? 우리는 여기서 아무리 본바탕이 좋고 아름다운 꽃이라도 보이지 않는 물의 숨은 힘이 없으면 도저히 그 빛과 향기를 자랑할 수 없는 것을 알았습니다.

-방정환의 우리 뒤에 숨은 힘 중

우리가 해야 할 일은 끊임없이 호기심을 갖고
새로운 생각을 시험해보고 새로운 인상을 받는 것이다.

- 월터 페이터-

현대자동차 생산직 / 생산직 / 생산인력 필기시험 답안지

자동차구조학

문번	1	2	3	4
1	①	②	③	④
2	①	②	③	④
3	①	②	③	④
4	①	②	③	④
5	①	②	③	④
6	①	②	③	④
7	①	②	③	④
8	①	②	③	④
9	①	②	③	④
10	①	②	③	④
11	①	②	③	④
12	①	②	③	④
13	①	②	③	④
14	①	②	③	④
15	①	②	③	④
16	①	②	③	④
17	①	②	③	④
18	①	②	③	④
19	①	②	③	④
20	①	②	③	④

문번	1	2	3	4
21	①	②	③	④
22	①	②	③	④
23	①	②	③	④
24	①	②	③	④
25	①	②	③	④
26	①	②	③	④
27	①	②	③	④
28	①	②	③	④
29	①	②	③	④
30	①	②	③	④
31	①	②	③	④
32	①	②	③	④
33	①	②	③	④
34	①	②	③	④
35	①	②	③	④
36	①	②	③	④
37	①	②	③	④
38	①	②	③	④
39	①	②	③	④
40	①	②	③	④

회사상식

문번	1	2	3	4
1	①	②	③	④
2	①	②	③	④
3	①	②	③	④
4	①	②	③	④
5	①	②	③	④
6	①	②	③	④
7	①	②	③	④
8	①	②	③	④
9	①	②	③	④
10	①	②	③	④

일반상식

문번	1	2	3	4
1	①	②	③	④
2	①	②	③	④
3	①	②	③	④
4	①	②	③	④
5	①	②	③	④
6	①	②	③	④
7	①	②	③	④
8	①	②	③	④
9	①	②	③	④
10	①	②	③	④

영어

문번	1	2	3	4
1	①	②	③	④
2	①	②	③	④
3	①	②	③	④
4	①	②	③	④
5	①	②	③	④
6	①	②	③	④
7	①	②	③	④
8	①	②	③	④
9	①	②	③	④
10	①	②	③	④

교시장

성 명

수 험 번 호

⓪	①	②	③	④	⑤	⑥	⑦	⑧	⑨
⓪	①	②	③	④	⑤	⑥	⑦	⑧	⑨
⓪	①	②	③	④	⑤	⑥	⑦	⑧	⑨
⓪	①	②	③	④	⑤	⑥	⑦	⑧	⑨
⓪	①	②	③	④	⑤	⑥	⑦	⑧	⑨
⓪	①	②	③	④	⑤	⑥	⑦	⑧	⑨
⓪	①	②	③	④	⑤	⑥	⑦	⑧	⑨

감독위원 확인

(인)

※ 절취선을 따라 분리하여 실제 시험과 같이 사용하면 더욱 효과적입니다.

현대자동차 생산직 / 생산인력 필기시험 답안지

고사장

성 명

수험번호

	0	1	2	3	4	5	6	7	8	9

감독위원 확인 (인)

자동차구조학

문번	1	2	3	4	문번	1	2	3	4
1	①	②	③	④	21	①	②	③	④
2	①	②	③	④	22	①	②	③	④
3	①	②	③	④	23	①	②	③	④
4	①	②	③	④	24	①	②	③	④
5	①	②	③	④	25	①	②	③	④
6	①	②	③	④	26	①	②	③	④
7	①	②	③	④	27	①	②	③	④
8	①	②	③	④	28	①	②	③	④
9	①	②	③	④	29	①	②	③	④
10	①	②	③	④	30	①	②	③	④
11	①	②	③	④	31	①	②	③	④
12	①	②	③	④	32	①	②	③	④
13	①	②	③	④	33	①	②	③	④
14	①	②	③	④	34	①	②	③	④
15	①	②	③	④	35	①	②	③	④
16	①	②	③	④	36	①	②	③	④
17	①	②	③	④	37	①	②	③	④
18	①	②	③	④	38	①	②	③	④
19	①	②	③	④	39	①	②	③	④
20	①	②	③	④	40	①	②	③	④

회사상식

문번	1	2	3	4
1	①	②	③	④
2	①	②	③	④
3	①	②	③	④
4	①	②	③	④
5	①	②	③	④
6	①	②	③	④
7	①	②	③	④
8	①	②	③	④
9	①	②	③	④
10	①	②	③	④

일반상식

문번	1	2	3	4
1	①	②	③	④
2	①	②	③	④
3	①	②	③	④
4	①	②	③	④
5	①	②	③	④
6	①	②	③	④
7	①	②	③	④
8	①	②	③	④
9	①	②	③	④
10	①	②	③	④

영어

문번	1	2	3	4
1	①	②	③	④
2	①	②	③	④
3	①	②	③	④
4	①	②	③	④
5	①	②	③	④
6	①	②	③	④
7	①	②	③	④
8	①	②	③	④
9	①	②	③	④
10	①	②	③	④

현대자동차 생산직 / 생산직 / 생산인력 필기시험 답안지

자동차구조학

문번	1	2	3	4		문번	1	2	3	4
1	①	②	③	④		21	①	②	③	④
2	①	②	③	④		22	①	②	③	④
3	①	②	③	④		23	①	②	③	④
4	①	②	③	④		24	①	②	③	④
5	①	②	③	④		25	①	②	③	④
6	①	②	③	④		26	①	②	③	④
7	①	②	③	④		27	①	②	③	④
8	①	②	③	④		28	①	②	③	④
9	①	②	③	④		29	①	②	③	④
10	①	②	③	④		30	①	②	③	④
11	①	②	③	④		31	①	②	③	④
12	①	②	③	④		32	①	②	③	④
13	①	②	③	④		33	①	②	③	④
14	①	②	③	④		34	①	②	③	④
15	①	②	③	④		35	①	②	③	④
16	①	②	③	④		36	①	②	③	④
17	①	②	③	④		37	①	②	③	④
18	①	②	③	④		38	①	②	③	④
19	①	②	③	④		39	①	②	③	④
20	①	②	③	④		40	①	②	③	④

회사상식

문번	1	2	3	4
1	①	②	③	④
2	①	②	③	④
3	①	②	③	④
4	①	②	③	④
5	①	②	③	④
6	①	②	③	④
7	①	②	③	④
8	①	②	③	④
9	①	②	③	④
10	①	②	③	④

일반상식

문번	1	2	3	4
1	①	②	③	④
2	①	②	③	④
3	①	②	③	④
4	①	②	③	④
5	①	②	③	④
6	①	②	③	④
7	①	②	③	④
8	①	②	③	④
9	①	②	③	④
10	①	②	③	④

영어

문번	1	2	3	4
1	①	②	③	④
2	①	②	③	④
3	①	②	③	④
4	①	②	③	④
5	①	②	③	④
6	①	②	③	④
7	①	②	③	④
8	①	②	③	④
9	①	②	③	④
10	①	②	③	④

고사장

성 명

수 험 번 호

⓪	①	②	③	④	⑤	⑥	⑦	⑧	⑨
⓪	①	②	③	④	⑤	⑥	⑦	⑧	⑨
⓪	①	②	③	④	⑤	⑥	⑦	⑧	⑨
⓪	①	②	③	④	⑤	⑥	⑦	⑧	⑨
⓪	①	②	③	④	⑤	⑥	⑦	⑧	⑨
⓪	①	②	③	④	⑤	⑥	⑦	⑧	⑨
⓪	①	②	③	④	⑤	⑥	⑦	⑧	⑨

감독위원 확인

(인)

현대자동차 생산직 / 생산인력 필기시험 답안지

고사장	

성명	

수험번호

⓪	⓪	⓪	⓪	⓪	⓪	⓪
①	①	①	①	①	①	①
②	②	②	②	②	②	②
③	③	③	③	③	③	③
④	④	④	④	④	④	④
⑤	⑤	⑤	⑤	⑤	⑤	⑤
⑥	⑥	⑥	⑥	⑥	⑥	⑥
⑦	⑦	⑦	⑦	⑦	⑦	⑦
⑧	⑧	⑧	⑧	⑧	⑧	⑧
⑨	⑨	⑨	⑨	⑨	⑨	⑨

감독위원 확인 (인)

자동차구조학

문번	1	2	3	4	문번	1	2	3	4
1	①	②	③	④	21	①	②	③	④
2	①	②	③	④	22	①	②	③	④
3	①	②	③	④	23	①	②	③	④
4	①	②	③	④	24	①	②	③	④
5	①	②	③	④	25	①	②	③	④
6	①	②	③	④	26	①	②	③	④
7	①	②	③	④	27	①	②	③	④
8	①	②	③	④	28	①	②	③	④
9	①	②	③	④	29	①	②	③	④
10	①	②	③	④	30	①	②	③	④
11	①	②	③	④	31	①	②	③	④
12	①	②	③	④	32	①	②	③	④
13	①	②	③	④	33	①	②	③	④
14	①	②	③	④	34	①	②	③	④
15	①	②	③	④	35	①	②	③	④
16	①	②	③	④	36	①	②	③	④
17	①	②	③	④	37	①	②	③	④
18	①	②	③	④	38	①	②	③	④
19	①	②	③	④	39	①	②	③	④
20	①	②	③	④	40	①	②	③	④

회사상식

문번	1	2	3	4
1	①	②	③	④
2	①	②	③	④
3	①	②	③	④
4	①	②	③	④
5	①	②	③	④
6	①	②	③	④
7	①	②	③	④
8	①	②	③	④
9	①	②	③	④
10	①	②	③	④

일반상식

문번	1	2	3	4
1	①	②	③	④
2	①	②	③	④
3	①	②	③	④
4	①	②	③	④
5	①	②	③	④
6	①	②	③	④
7	①	②	③	④
8	①	②	③	④
9	①	②	③	④
10	①	②	③	④

영어

문번	1	2	3	4
1	①	②	③	④
2	①	②	③	④
3	①	②	③	④
4	①	②	③	④
5	①	②	③	④
6	①	②	③	④
7	①	②	③	④
8	①	②	③	④
9	①	②	③	④
10	①	②	③	④

2023 채용대비 All-New 현대자동차 생산직 / 생산인력 FINAL 실전모의고사

초 판 발 행	2023년 03월 15일 (인쇄 2023년 03월 06일)
발 행 인	박영일
책 임 편 집	이해욱
편 저	SD적성검사연구소
편 집 진 행	구현정 · 여연주 · 이근희
표지디자인	박수영
편집디자인	배선화 · 장성복
발 행 처	(주)시대고시기획
출 판 등 록	제10-1521호
주 소	서울시 마포구 큰우물로 75 [도화동 538 성지 B/D] 9F
전 화	1600-3600
팩 스	02-701-8823
홈 페 이 지	www.sdedu.co.kr

I S B N	979-11-383-4960-4 (13320)
정 가	20,000원

SD에듀가 합격을 준비하는 당신에게 제안합니다.

성공의 기회! SD에듀를 잡으십시오.
성공의 Next Step!

결심하셨다면 지금 당장 실행하십시오.
SD에듀와 함께라면 문제없습니다.

기회란 포착되어 활용되기 전에는
기회인지조차 알 수 없는 것이다.

– 마크 트웨인 –

더 이상의
고졸/전문대졸 필기시험 시리즈는
없다!

알차다
꼭 알아야 할 내용을
담고 있으니까

친절하다
핵심 내용을 쉽게
설명하고 있으니까

핵심을
뚫는다
시험 유형과 유사한
문제를 다루니까

명쾌하다
상세한 풀이로 완벽하게
익힐 수 있으니까

성공은
나를 응원하는 사람으로부터 시작됩니다.

SD에듀가 당신을 힘차게 응원합니다.

고졸/전문대졸 취업 기초부터 합격까지! 취업의 문을 여는 **Master Key!**

고졸/전문대졸 필기시험 시리즈

· SK 하이닉스
Operator / Maintenance

· SK 생산직

· PAT 포스코그룹
생산기술직 / 직업훈련생

· GSAT 5급

· GSAT 4급

· GS칼텍스

※ 도서의 이미지 및 구성은 변동될 수 있습니다.

현재 나의 실력을 객관적으로 파악해 보자!

모바일 OMR
답안채점 / 성적분석 서비스

도서에 수록된 모의고사에 대한 객관적인 결과(정답률, 순위)를
종합적으로 분석하여 제공합니다.

OMR 입력

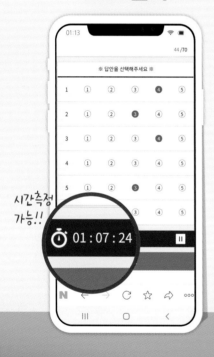

시간측정
가능!!
⏱ 01 : 07 : 24

성적분석

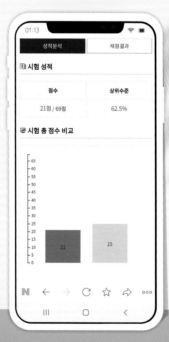

채점결과

※OMR 답안채점 / 성적분석 서비스는 등록 후 30일간 사용가능합니다.

참여방법

도서 내 모의고사
우측 상단에 위치한
QR코드 찍기
➡

로그인
하기
➡

'시작하기'
클릭
➡

'응시하기'
클릭
➡
나의 답안을
모바일 OMR
카드에 입력
➡

'성적분석&채점결과'
클릭
➡

현재 내 실력
확인하기